Shirley Trickett

Endlich wieder angstfrei leben

Shirley Trickett

Endlich wieder angstfrei leben

Selbsthilferatgeber gegen Angst, Depression und Panikattacken

Aus dem Englischen von
Erna Tom

Oesch Verlag

Die englische Originalausgabe erschien
unter dem Titel *Coping with Anxiety and Depression*
bei Sheldon Press SPCK, London, überarbeitete Ausgabe 1996

1. Auflage Februar 2002
2. Auflage März 2002
3. Auflage August 2002
4. Auflage November 2002
5. Auflage Januar 2003
6. Auflage November 2003
7. Auflage April 2004
8. Auflage Oktober 2004

Umschlagbild: Caspar David Friedrich, Das Große Gehege bei Dresden, 1832
Original: Dresden, Gemäldegalerie Neue Meister/BPK, Berlin
Satz: Oesch Verlag
Druck und Bindung: Ueberreuter Buchproduktion, Korneuburg

ISBN 3-0350-0020-4

Gern senden wir Ihnen unser Verlagsverzeichnis:
Oesch Verlag, Jungholzstraße 28, 8050 Zürich
E-Mail: info@oeschverlag.ch
Telefax 0041/44 305 70 66 (CH: 044 305 70 66)

Unser Programm finden Sie im Internet unter:
www.oeschverlag.ch
www.joppverlag.ch

Für meine Kinder
Helen, David und Sarah,
die mich lieben,
obwohl sie mit meiner
ganzen Unerfahrenheit
leben müssen.

Inhalt

2. Teil
Selbsthilfe bei Angst und Depression

Wichtiger Hinweis für die Leserinnen und Leser

Bitte beachten Sie, daß dieses Buch kein Ersatz für ein ärztliches oder psychotherapeutisches Gespräch bieten kann und will. Beanspruchen Sie in jedem Fall fachliche Hilfe, bevor Sie meine Ratschläge im Alltag anwenden. Die Selbstdiagnose ist nicht nur töricht, sondern manchmal auch gefährlich.

Vorwort

Als ich Shirley Trickett kennenlernte, war ich ein Medizinstudent, dem man beibrachte, daß Tranquilizer eine wirksame, sichere und nicht süchtig machende Art der Behandlung von Angstzuständen seien. Wie jeder andere gute Medizinstudent glaubte auch ich, was man mir beibrachte. Als Shirley mir erklärte, daß sie die gleichen Medikamente für süchtig machend hielt, reagierte ich ziemlich skeptisch und erklärte meinerseits in aller Höflichkeit, daß die medizinische Fachwelt sicher aufhorchen würde, wenn jemand entsprechende Beweise vorlegen könne. Keineswegs entmutigt durch die Gleichgültigkeit der medizinischen Fachwelt, ganz zu schweigen von hochnäsigen Medizinstudenten, machte sich Shirley daran, die Beweise zusammenzutragen, während sie gleichzeitig ihrer eigentlichen Arbeit nachging: Menschen zu helfen, mit ihren Problemen fertig zu werden, ohne Medikamente zu nehmen. Shirley hat viel dazu beigetragen, Ärzte auf die Gefahren von Tranquilizern aufmerksam zu machen, und sie hat sich im Laufe dieser Bemühungen ein unerreichtes Wissen angeeignet, was den Umgang mit Angstzuständen anbetrifft.

Es sind etliche Jahre vergangen, seit Shirley mir wegen der Tranquilizer in den Ohren gelegen hat, und eine neue Generation von Medizinstudenten erfährt heute, daß Tranquilizer bei der Behandlung von Angstzuständen gefährlich, süchtig machend und unwirksam sind. Shirleys Ansicht, die früher als Ketzerei verdammt wurde, ist inzwischen anerkannte Tatsache. Ihr erstes Buch *Coming off Tranquillizers and Sleeping Pills* wurde nicht nur von den Menschen gelesen, die ein Leben ohne Tavor und Valium leben wollten, sondern auch von Ärzten, die berufshalber mit solchen Problemen konfrontiert waren. Wenn ich meinen Patienten, die nach der Suchtgefahr von Tranquilizern fragten, Shirleys Buch empfahl, bekam ich danach meist zu hören: »Das ist ganz erstaunlich, Herr Doktor, das Buch hätte ich auch schreiben können. Es spricht mir wirklich aus dem Herzen.«

Seit Tranquilizer in Ungnade gefallen sind und der Berufstand der Mediziner versucht, den Schaden wiedergutzumachen, der durch zwanzigjährige Verschreibungspraxis entstanden ist, verfügen wir über wenige alternative Behandlungsmethoden für Patienten, die unter Angstzuständen oder »milderen« Formen von Depressionen leiden. Zum Glück gab es Menschen wie Shirley Trickett, die bereits nach anderen Wegen suchten, Menschen zu helfen, als wir noch auf der Suche nach chemischen Antworten auf emotionale Probleme waren und unseren Patienten weismachen wollten, daß genau dies möglich sei. Dieses hart erkämpfte Wissen findet langsam, aber sicher Eingang in die psychiatrische Praxis. Dazu kommt, daß sich immer mehr Menschen mit ihrem psychischen Wohlergehen befassen und eine größere Bereitschaft zeigen, ihre Probleme selbst anzugehen oder sich in Selbsthilfegruppen zusammenzutun.

Das vorliegende Buch, das ebenso klar wie erhellend ist

wie *Coming off Tranquillizers and Sleeping Pills,* geht die Probleme der Angst und Depression mit einem Mitgefühl an, das von eigener Erfahrung zeugt. Shirley Tricketts Wissen spiegelt eine Offenheit gegenüber neuen Ideen wider, die meinem eigenen Berufsstand ebenfalls gut zu Gesicht stehen würde. Ich bin sicher, daß *Endlich wieder angstfrei leben* all denen neue Hoffnung bringt, die von diesen Krankheiten unmittelbar betroffen sind, und auch Ärzten und Therapeuten wertvolle Ratschläge bietet.

Dr. J. W. McDonald
Verwaltungsdirektor des Psychiatrischen Rainhill-Hospitals
in Prescott, Merseyside

1. Teil

Angst und Depression verstehen

1. Angst, Depression und der Mensch als Ganzes

Seitdem mein Buch *Coming off Tranquillizers and Sleeping Pills* erschienen ist, werde ich immer wieder gebeten, mehr über Angst und Depression zu schreiben. Das staatliche Gesundheitssystem in England steht zwar den Menschen bei, die unter schweren psychiatrischen Erkrankungen leiden, es tut jedoch nur wenig im Fall der sogenannten »leichteren« psychischen Störungen[1]: der leichten bis mittelschweren Angstzustände und Depressionen. Auch wenn diese Störungen so taxiert werden, ist der Grad des damit verbundenen Leids keineswegs mild bis mittelschwer. Die Symptome sind nicht selten schwerwiegend, langwierig und sehr beängstigend. Ich hoffe, daß ich mit dem Nachfolgenden all denen Hilfestellung und Ermutigung zukommen lassen kann, die das Gefühl haben, von solchen seelischen Leiden erdrückt zu werden.

Die herkömmliche Hilfeleistung für den psychisch Kranken scheitert nicht selten daran, daß nur ein Teil des ganzen Menschen gesehen und behandelt wird. Solange man sich aber nicht Körper, Geist und Seele annimmt, kann eine ganzheitliche Heilung nicht erfolgen. Geht man nur das eine

[1] Die Autorin bezieht sich ausschließlich auf das Gesundheitswesen in Großbritannien. In Deutschland wird sowohl die Therapie bei psychiatrischen Erkrankungen wie auch bei psychischen Störungen von den Krankenkassen übernommen.

Problem an, verhält man sich wie jemand, der immer wieder den gleichen Abschnitt einer Brücke mit Farbe anstreicht – ganz gleich, wie sehr der frisch gestrichene Teil auch glänzt und scheint, rostet doch der andere Teil der Brücke weiter vor sich hin und bringt letztlich die ganze Brücke zum Einsturz.

In dem Maße, wie sich die Medizin entwickelt und spezialisiert, scheint ihr auch der wertvolle gesunde Menschenverstand abhanden zu kommen. Und damit verlieren wir etwas ganz Entscheidendes. Jeder »Doktorhut« sitzt fest auf dem Kopf, und der Therapeut sieht nichts von dem, was außerhalb seines Faches liegt. Als Beispiel möchte ich hier Mary anfügen: Sie geht regelmäßig zum Psychiater, was ihr auch guttut, doch ihr wäre sehr viel mehr geholfen, wenn er auch ihre körperlichen Bedürfnisse sehen würde. Sie leidet unter Herpes und ist entsetzlich dünn. Der Therapeut ist aber so sehr auf ihre Neurose fixiert, daß er den Rest vollkommen außer acht läßt. Das passiert leider auf allen Gebieten der Medizin. Wenn die Krankenschwester zu John kommt, versorgt sie sein Bein, verabreicht die Antibiotika und übersieht dabei ganz, wie sehr er sich nach seiner Frau sehnt. Und wie steht es um Richards Bedürfnisse? Gegen seine Todesangst läßt sich mit Tranquilizern nichts ausrichten; er braucht eine liebevolle Dosis Hoffnung und einen Menschen, der ihm erklärt, daß er durch seine tägliche Hektik seine Nerven kaputtmacht.

Mein Buch richtet sich an den seelisch Leidenden als Ganzes: an den schmerzenden Körper, den verwirrten Geist und die gequälte Seele. Es will auf einfache Weise einige

Ursachen der Angst und Depression erklären und durch die Erörterung der Symptome dazu beitragen, daß der Betroffene selbst herausfinden kann, ob er unter Angst oder Depression oder unter beidem gleichzeitig leidet.

Es weist auch darauf hin, wie wichtig es ist, uns selbst zu lieben und uns anzunehmen, so wie wir sind. Es ist keine Schande, psychisch krank zu sein – es kann jeden treffen. Das Nervensystem ist nicht irgendwo außerhalb des Körpers, es gehört vielmehr genauso dazu wie Knochen, Muskeln und Haut. Wenn Ihr Körper oder Ihr Geist mehr Streß ausgesetzt ist, als er verkraften kann, wirkt sich dies auf Ihre Psyche aus. So einfach ist das.

Im ersten Teil des Buches geht es um Ursachen und Probleme in Verbindung mit Angst und Depression und um ihre Behandlung, sowohl die medizinische als auch die nichtmedizinische. Im zweiten Teil, dem Selbsthilfeteil, wird gezeigt, wie man mit dem eigenen Körper arbeiten kann anstatt gegen ihn. Selbsthilfe läßt sich außerdem gut mit medizinischer Hilfe verbinden, sie schließen einander nicht aus. Viele Ärzte ermutigen ihre Patienten, nach Informationen Ausschau zu halten und sich mehr um ihre Psyche zu kümmern.

Obwohl es viele Ausdrücke gibt, die eine seelische Erkrankung oder psychische Störung beschreiben – Gemütskrankheit, Angst, Depression, Stimmungsschwankung, Neurose, Nervenzusammenbruch usw. –, läßt sich diese immer auf eines zurückführen: auf seelischen Streß.

Auch wenn Sie schon lange an einer seelischen Erkrankung leiden, können Sie genesen und Frieden und Freude wiederfinden. Stellen Sie sich darauf ein, daß dies nicht von heute auf morgen geht und daß es ein Auf und Ab gibt – die Natur heilt nicht auf geradem Weg.

Wenn Ihnen die Symptome auf den nachfolgenden Seiten nur allzu bekannt vorkommen und nichtig scheinen sollten, ist es dennoch unerläßlich, alle anhaltenden Symptome genau unter die Lupe zu nehmen. Suchen Sie Ihren Arzt auf, sofern Sie es nicht schon getan haben. Wenn Sie zu hören bekommen: »Es sind nur Ihre Nerven«, dann kommen Sie höchstwahrscheinlich auf dem Weg der Selbsthilfe am besten weiter.

2. Was ist Angst? Was ist Depression?

Was ist Gesundheit?

Wahre Gesundheit ist nicht nur die Abwesenheit von Krankheit, sondern zeichnet sich vielmehr dadurch aus, daß der Mensch sich körperlich wohl fühlt, Selbstvertrauen besitzt, fähig ist, sich Veränderungen anzupassen, und bereit ist, Verantwortung für sich selbst zu übernehmen. All dies setzt Verständnis für die eigenen Gefühle und Handlungen voraus sowie ein Maß an Selbstwertgefühl, das größtenteils unabhängig von der Meinung und dem Wohlwollen anderer ist.

Was ist seelische Erkrankung?

Die häufigsten Symptome einer seelischen Erkrankung sind Angst und Depression, zwei Zustände, die sowohl unabhängig voneinander als auch zusammen auftreten können. Die daraus resultierenden Gefühle reichen von Spannungszuständen und Niedergeschlagenheit bis hin zu Symptomen, die so schwerwiegend sind, das sie ein normales Leben unmöglich machen.

Was ist Angst?

Das Wort »Angst« geht auf das lateinische »angustus« zurück, was »eng« bedeutet, man kann es also im Sinne von »Enge, Beklemmung, Schwierigkeiten« deuten. Werden auch Sie von Ihrer Angst eingeengt, erdrückt, stranguliert? Angst ist eine Reaktion auf unser Leben. Sie ist ebenso Teil unseres Lebens wie Essen und Trinken. Sie war schon immer da und wird es immer sein. Angst ist etwas ganz Normales. Wie sollten wir ihr entkommen, wo sie doch bei der Geburt beginnt?

Lassen Sie uns in den Tag hinein träumen

Wenn es möglich wäre, in Liebe und in einem sorgenfreien Umfeld gezeugt zu werden und während der Schwangerschaft im Bauch einer ruhigen, heiteren, wohlernährten Mutter herumzuplantschen, wäre dies ein guter Start für eine sorgenfreie Reise. Wenn es dann möglich wäre, vollkommen schmerzfrei durch den Geburtskanal in eine angenehme, sanfte Welt ohne grelle Lichter und ohne Lärm zu gleiten, von warmem Wasser begrüßt, anstatt von einem Klaps auf den Po (die erste Ungerechtigkeit), wäre dies ein weiterer Schritt in die richtige Richtung.

Und wenn der liebe Gott uns die Garantie geben würde, daß wir von einer Liebe begleitet werden, die uns frei macht, wir nur mit Sanftmut erzogen werden und nach langen Jahren des Glücks und der Erfüllung so sanft aus dem Leben scheiden, wie wir in dieses Leben gekommen sind, dann wäre Angst nicht normal.

Ich will damit sagen, daß es unmöglich ist, nicht in gewissem Maß Angst zu haben. Das Ziel besteht nicht darin, die Angst unablässig zu bekämpfen, sondern mit der Angst zu leben, indem wir lernen, sie auf ein lebbares Maß zu reduzieren. Wenn Sie sich schämen, daß Sie Angst haben, dann schämen Sie sich, ein Mensch zu sein und einen menschlichen Körper zu haben. Wir erfahren die Welt durch unseren Körper.

Ist Angst notwendig?

Wenn wir Angst haben, finden chemische Prozesse in unserem Körper statt, die den Energiespiegel erhöhen und uns in die Lage versetzen, auf Gefahr und Streß zu reagieren (Kampf- oder Fluchtverhalten) – beispielsweise vor einem wütenden Stier Reißaus zu nehmen oder die halbe Nacht aufzubleiben und für eine Prüfung zu lernen. Ein Problem stellt sich, wenn wir diese zusätzlich zur Verfügung stehende Energie nicht abstellen können, wenn wir sie nicht mehr brauchen; dann ist der Körper nicht in der Lage umzuschalten, und wir fühlen uns »aufgedreht«. Es ist, als würde man einen Motor 24 Stunden laufen lassen, auch wenn man nur zwei kleine Fahrten pro Tag macht. So wie das Benzin verschwendet wird und schließlich zu Ende geht, verschwenden wir unsere Energie und erschöpfen unsere Nerven, und dies führt letztlich dazu, daß wir krank werden.

Was ist eine Depression?

Depression ist eine Erkrankung der Gefühle. Sie reicht von einer übertrieben starken Trauer als Reaktion auf ein schlimmes Ereignis über ein graues Nichts, in dem man gerade noch in der Lage ist zu funktionieren, bis hin zu grenzenloser Verzweiflung, Hoffnungslosigkeit und Erschöpfung. In der schweren Depression sind sogar einfache körperliche Funktionen eingeschränkt.

Ist Depression notwendig?
Im Zustand der Angst befinden sich Körper und Geist in Alarmbereitschaft. Im Zustand der Depression ist der Mensch wie gelähmt. Die Depression ist oftmals eine Folge der Angst; sie zwingt den Menschen innezuhalten – dies könnte eine ihrer Funktionen sein. Obwohl dieses Innehalten nützlich sein kann, müssen wir etwas dagegen unternehmen, wenn es zu lange anhält.

Wenn wir verstehen, wie das Nervensystem funktioniert, können wir auch nachvollziehen, wie man ängstlich und depressiv wird. Deshalb beschäftigen wir uns im nächsten Kapitel mit dem Nervensystem.

3. Das Nervensystem

Das Nervensystem sorgt wie ein Netzwerk dafür, daß die verschiedenen Teile des Körpers miteinander kommunizieren; der Kopf ist die Schaltzentrale, das Rückenmark das Hauptkabel und die Nerven die Telefonkabel, die die Nachrichten befördern. Das Nervensystem besteht aus zwei Teilen: dem zentralen und dem vegetativen Nervensystem.

Das zentrale Nervensystem

Das zentrale Nervensystem regelt die willentlichen Bewegungen und ist verantwortlich für alle Empfindungen in Muskeln, Knochen und Gelenken. Es unterliegt dem Willen – Sie wollen einen Bleistift in die Hand nehmen, Sie strekken die Hand aus und tun genau das. Das zentrale Nervensystem funktioniert bestens, sofern kein neurologischer Schaden vorliegt oder es in einem Zustand des Entsetzens vor lauter Angst gelähmt ist.

Das vegetative Nervensystem

Das vegetative Nervensystem regelt alle unbewußten Lebensvorgänge – die der inneren Organe, der Blutgefäße usw. Dieses System unterliegt der Kontrolle der Gefühle: So sorgt Zorn beispielsweise dafür, daß Ihr Blutdruck steigt, und Angst, daß sich Ihr Magen verkrampft. Es gliedert sich in zwei Teile: in das sympathische Nervensystem (Sympathikus), das eine stimulierende Wirkung hat, und das parasympathische Nervensystem (Parasympathikus), das eine beruhigende Wirkung ausübt.

Wenn das parasympathische Nervensystem nicht richtig funktioniert, kommt es zu einer Überängstlichkeit.

Stellen Sie sich beim Sympathikus einen Mann in einem roten Ferrari vor, der mit dem Fuß auf dem Gaspedal über die Landstraße jagt. Denken Sie beim Parasympathikus an einen Mann, der in einem blauen Goggomobil langsam vor sich hintuckert. Alle inneren Organe sind mit beiden Nervensystemen ausgestattet, einem anregenden und einem beruhigenden.

Das sympathische Nervensystem – weiter, weiter, weiter

Stellen Sie sich einen Feuerwehrmann auf dem Weg zum Einsatz vor. Sein Nervensystem geht auf seine Gefühle ein und bereitet seinen Körper auf den Kampf ums Überleben vor. Dabei spannen sich die Muskeln des Mannes an, seine Drüsen werden zusammengepreßt und schütten einen chemischen Stoff aus, der als Adrenalin bezeichnet wird. In der

Folge steigt sein Blutdruck, sein Pulsschlag erhöht sich, seine Atmung wird schneller (er braucht mehr Sauerstoff, weil er sich schnell bewegen muß), und er schwitzt, um sich abzukühlen. Zur weiteren Unterstützung wird sein Blut vom Bauch in die Beine gepumpt, damit er schneller laufen kann. (Daher auch das flaue Gefühl im Magen, wenn wir Angst haben.) Wenn weniger Blut in den Verdauungsorganen vorhanden ist, denken wir weniger ans Essen und an die Entleerung der Blase. Zusammenfassend kann man also festhalten, daß der Adrenalinspiegel hoch ist, wenn das sympathische Nervensystem in Aktion tritt.

Sehen Sie, daß sich der Körper des Feuerwehrmannes wie der eines überängstlichen Menschen verhält, der schnell atmet, dessen Herz rast, der schwitzt usw.? Der Unterschied besteht darin, daß er seine Angst sinnvoll einsetzt, denn er hat tatsächlich allen Grund, sich Sorgen zu machen. Wenn er überängstlich gewesen und das zusätzliche Adrenalin nicht sinnvoll eingesetzt hätte, wäre er so verkrampft gewesen, daß er sich vielleicht übergeben und vor lauter Angst in die Hosen gemacht hätte. Das ist möglicherweise ein einfacher Mechanismus, um den Körper leichter zu machen, damit er schneller laufen kann.

Wie gelingt es dem Feuerwehrmann, seinen Adrenalinspiegel wieder auf ein Normalmaß zu senken? Wenn das Feuer gelöscht und die Gefahr gebannt ist, sitzt der Feuerwehrmann im Feuerwehrauto und ist auf dem Weg zurück zum Feuerwehrhaus. Wenn er seine angespannten Muskeln entspannt, werden verschiedene chemische Stoffe freigesetzt, die die Wirkung des Adrenalins wieder aufheben.

Dann ist das parasympathische Nervensystem am Werk: Sein Blutdruck sinkt, sein Pulsschlag verlangsamt sich, seine Atmung wird regelmäßiger, er hört auf zu schwitzen, das Blut fließt aus den Armen und Beinen wieder in den Bauch – er spürt, daß er Hunger hat, und denkt ans Essen. Er bemerkt auch, daß er eine Toilette aufsuchen muß. Er fühlt sich entspannt, seine Muskeln sind entkrampft. Sein Adrenalin- bzw. Angstspiegel ist niedrig.

Anhand dieses Beispiels läßt sich gut nachvollziehen, daß Nerven leicht überanstrengt werden können. Anhaltender, bewußter ebenso wie unbewußter Streß auch in kleinen Mengen sorgt dafür, daß wir ständig in Alarmbereitschaft sind. Es ist, als liefe der Feuerwehrmann mit Eimern voller Wasser herum, auch wenn das Feuer längst gelöscht ist. Er möchte so gerne abschalten, aber er kann nicht. Sein Adrenalinspiegel ist, genau wie seine Angst, immer noch viel zu hoch.

Waren Sie schon einmal so aufgedreht, daß Sie weitergearbeitet haben, obwohl sie längst erschöpft waren? In Kapitel 4 erfahren Sie, wie Sie das Tempo drosseln und schließlich abschalten können.

4. Lernen, das Tempo zu drosseln

Mit dem parasympathischen Nervensystem arbeiten

Da der beruhigende Teil des Nervensystems auf Gefühle reagiert, wäre es am einfachsten, wenn man sich selber sagen könnte: »Es gibt absolut nichts, wovor du Angst haben mußt – beruhige dich, hör auf, soviel Adrenalin zu produzieren, ich brauch' es nicht.« Aber leider hört ein Gehirn, das mit Adrenalin vollgepumpt ist, nicht auf die Vernunft, es gehorcht vielmehr den chemischen Botenstoffen, die ihm befehlen, auf Hochtouren zu laufen. Das beste Erste-Hilfe-Mittel wäre, den Körper so zu konditionieren, daß er den eigenen Befehlen jederzeit gehorcht. Selbstgespräche sind in der Tat auf lange Sicht gesehen sehr sinnvoll, in einer Notsituation hingegen kaum zu gebrauchen. Was Ihr parasympathisches Nervensystem (das langsame) automatisch tun sollte, müssen Sie auf mechanische Art und Weise tun. Das ist so, als müßte man ein Auto ankurbeln, wenn die Zündung fehlschlägt. Ihr Entspannungsvorgang muß neu eingestellt werden.

Denken Sie daran, wie sich der Feuerwehrmann entspannt hat

Wenn sich die Muskeln entspannen, kommt die Kettenreaktion des Entspannungsvorganges in Gang. Sie sind höchstwahrscheinlich nicht in der Lage, dies willentlich zu beeinflussen, weil Sie so angespannt sind. Wenn Sie aber Ihre Atmung verlangsamen, können Sie die Sauerstoffzufuhr zum Gehirn drosseln und das parasympathische Nervensystem so dazu bringen, zu übernehmen. Darauf gehe ich später noch ausführlicher ein.

Das ist mir zuviel – ich brauche sofort Hilfe

Ängstliche Menschen werden manchmal noch nervöser, wenn man ihnen sagt, sie könnten ihren Körper so konditionieren, daß er nicht mehr ständig in Alarmbereitschaft ist. Sie möchten am liebsten sofort von diesem gräßlichen Gefühl der Panik befreit werden – am besten mit einer Pille oder einer Spritze. Diese Menschen reagieren mitunter sogar verärgert, wenn man andeutet, daß ihr Körper für ihre Gefühle verantwortlich ist. Ihnen ist lieber, wenn die »Panik« »aus heiterem Himmel« auf sie niederkommt und sie selbst nichts damit zu tun haben.

Sie sind in der Tat nicht willentlich verantwortlich dafür, aber leider erkennen sie nicht, daß ihre Symptome durch ein ständig überstrapaziertes Nervensystem verursacht werden, und zwar nicht nur im Hier und Jetzt, sondern auch durch den im Unterbewußtsein gespeicherten Schmerz. (Wenn in diesem Buch von Schmerz die Rede ist, meine ich emotionalen Schmerz wie beispielsweise Trauer, Gram, Zorn, Frustration, Einsamkeit usw., sofern nicht ausdrücklich von körperlichem Schmerz die Rede ist.)

Zum Glück wollen jedoch die meisten Menschen lernen, wie sie mit Hilfe ihres Körpers ihre Psyche heilen können. Und wenn sich die ersten Erfolge einstellen, wächst auch die Zuversicht. Ich höre immer wieder: »Mein Leben ist zwar immer noch ein riesiger Scherbenhaufen, aber ich spüre, wie mein Körper langsam, aber sicher anders reagiert.«

Sich auf die Heilung konzentrieren

Wollen Sie sich von Ihrem Unterbewußtsein dazu drängen lassen, Anspannung zu benutzen, um mit Streß fertig zu werden, oder wollen Sie sich in »einen Kurs für Nerventraining« einschreiben und langweilige Übungen machen, um Ihr Leben selbst in die Hand zu nehmen?

Die Methoden, die in diesem Buch beschrieben werden, sind sicher, billig und wirksam. Manchmal sind auch sie ein Zwang und zeitaufwendig! Manche Leute sind der Meinung, es sei wie eine Versenkung in sich selbst, sich ständig selbst zu beobachten. Im Grund ist es jedoch Eigennutz, der als Mittel zum Zweck eingesetzt wird. Es ist auf jeden Fall besser, sich in die Heilung zu versenken als in die Symptome. Und ängstliche und depressive Menschen geben nur allzu bereitwillig zu, daß ihre Gedanken ständig um ihre Symptome kreisen.

5. Erfahren Sie mehr über Ihre Nerven

Nervlich bedingte Symptome

- Gefühl der ständigen Erschöpfung
- Interesselosigkeit
- Panik
- Reizbarkeit
- Konzentrationsschwäche
- Bedürfnis nach Aufmerksamkeit
- Hyperaktivität
- Schnelles Sprechen
- Schnelles Denken
- Eßzwang
- Wahnvorstellungen
- Phobien
- Weltuntergangsstimmung
- Suizidgedanken
- Ruhelosigkeit
- Neigung zu Tränen
- Zwangshandlungen
- Zwangsvorstellungen
- Impotenz, Libidoverlust
- Zugeschnürte Brust und Hals
- Zittern
- Schwindel
- Durchfall
- Blähungen
- Schlaflosigkeit
- Atembeschwerden
- Herzklopfen
- Übermäßiges Schwitzen
- Schluckbeschwerden
- Appetit- und Gewichtsverlust
- Kopfschmerzen
- Tinnitus (Geräusche im Ohr)
- Gliederschmerzen

Auf eine solche Liste kann man auf verschiedene Arten reagieren. In den meisten Fällen sagt sich der oder die Betroffene: »Ich bin froh, daß jemand das alles aufgeschrieben hat – ich hatte schon befürchtet, ich bilde mir alles nur ein.« Weil Menschen mit psychischen Problemen oftmals pessimistisch werden, bekomme ich auch oft zu hören: »Du meine Güte, ich habe so viele der Symptome, daß ich bestimmt bald einen Nervenzusammenbruch habe.« Wenn sie statt dessen sagen könnten: »Wenn ich mir all meine Symptome anschaue, wird es langsam Zeit, daß ich was für mich tue«, würden sie sehr viel schneller genesen. Die ständige Beschäftigung mit den Symptomen macht diese nur noch schlimmer.

Überängstlichkeit

Wenn der ganze Körper in Alarmbereitschaft ist, läuft jeder Vorgang im Körper schneller ab. Das führt zu vermehrter Bewegung, sich überschlagenden Gedanken, unablässigem Reden und einer Beschleunigung vieler Körperfunktionen, wie beispielsweise des Herzschlags, der Atemtätigkeit und der Geschwindigkeit, mit der Blut und andere Körperflüssigkeiten durch den Verdauungstrakt gepumpt werden. Daher auch das häufige Bedürfnis, die Toilette aufzusuchen.

Angesichts all dessen, womit der überängstliche Mensch fertig werden muß, ist es nicht verwunderlich, daß sich sein Verhalten verändert. Verwandte sind wie vor den Kopf gestoßen, wenn der betroffene Mensch auf einmal reizbar und mißtrauisch wird und kaum noch mit ihm auszukommen ist. Bei all dem ist jedoch zu bedenken, daß die Betroffenen ihr Verhalten nicht willentlich auswählen und mitunter sogar selbst fassungslos sind über ihre zornigen, bösen Gedanken und die rücksichtslosen Taten, die sie ihren geliebten Mitmenschen zumuten.

Im Nachfolgenden gehe ich auf die beunruhigendsten der Symptome und ihre Ursachen ein.

Weltuntergangsstimmung

Alle Gefühle, die durch Überängstlichkeit hervorgerufen werden, sind unangenehm, aber am schwersten zu ertragen sind die unberechenbaren, düsteren Gedanken. Wenn es Ihnen gutgeht und sich zum Beispiel Ihr Mann auf dem Heimweg von der Arbeit fünf Minuten verspätet, gehen Sie davon aus, daß er im Verkehr steckt; wenn Sie dagegen überängstlich sind, denken Sie in der gleichen Situation, daß er verletzt unter einem Zehntonner liegt. Gesundheitsphobien sind ebenfalls weit verbreitet. Jede kleinste Irritation wird dann als Krebsvorbote gesehen, und schon ein Gefühl des Unwohlseins kann in eine heftige Panikattacke münden. Wenn Sie beispielsweise mitten in einer Menschenmasse sind und es Ihnen gutgeht, denken Sie höchstwahrscheinlich: »Ich bin froh, wenn ich hier wieder draußen bin.« Wenn Sie dagegen überängstlich sind, könnten Sie in der gleichen Situation panisch reagieren und sich einbilden, daß sie krank sind: »Ich muß nach Hause, sonst sterbe ich / wird mir schlecht / verliere ich die Kontrolle« u. ä. Panikattacken und wie man damit umgeht, werden weiter unten besprochen.

Suizidgedanken

Wenn die Angst sehr groß ist, stellen sich häufig Suizidgedanken ein. Diese verschwinden in der Regel wieder, wenn die Angst nachläßt, aber es ist unumgänglich, daß Sie Ihren Arzt aufsuchen, wenn es dazu kommt. Die guten Samariter sind immer zur Stelle. Zögern Sie nicht, sich an sie zu wenden, auch wenn Sie sicher sind, daß Sie keinen Suizidversuch unternehmen werden; viele Menschen sagen: »Ich hatte diese schrecklichen Gedanken, aber ich wollte niemanden damit belästigen, weil ich wußte, daß mir doch niemand helfen kann. Ich schäme mich so. Ich habe eine liebe Frau / einen lieben Mann und eine Familie und weiß nicht, warum mich manchmal diese Gefühle überkommen.« Die Telefonauskunft gibt Ihnen die Nummer, falls Sie sich nicht genügend konzentrieren können, um sie im Telefonbuch zu finden.

Angstzustände

Manchmal glauben Menschen, Suizidgedanken, Panikattakken und Platzangst seien das eigentliche Übel, an dem sie leiden. Es kostet mitunter viel Zeit und Mühe, sie davon zu überzeugen, daß diese Zustände – auch wenn sie das Schlimmste sind, was diese Menschen erleben – doch nur ein Teilsymptom sind, das wieder verschwindet, wenn die Angst nachläßt. Es ist, als würde man bei einem Menschen, der an Bronchitis leidet, den Husten als Grundübel ansehen, wo er doch gar nicht erst auftreten würde, wenn die Lungen frei wären. Genauso gäbe es keine Panik, keine Platzangst usw., wenn die Angst nicht so groß bzw. der Adrenalinspiegel nicht so hoch wäre.

Panikattacken

Weil schon die bloße Lektüre über Panikattacken manche Menschen nervös macht, sollten Sie sich darüber im klaren sein, daß Sie eine Panikattacke bereits auslösen können, wenn Sie einfach zu lange nichts essen oder falsch atmen. Mehr dazu in den Kapiteln 16 und 17.

Panikattacken kündigen sich durch unvermittelt auftretende starke Angst, verbunden mit dem Gefühl eines hereinbrechenden Unglücks oder sogar Todesfurcht, an. Auftreten können außerdem unangenehme körperliche Empfindungen, darunter:

- Herzklopfen
- Schwindel
- Übelkeit
- Zittern
- Erstickungsgefühle
- Gefühl des Unwirklichseins
- das dringende Bedürfnis, eine Toilette aufsuchen zu müssen
- Hitzewallungen
- Kribbeln

Die Panikattacke kann Sekunden, Minuten, in seltenen Fällen sogar Stunden andauern. Häufig ist der Panikanfall schlimmer, als sich tatsächlich in einer beängstigenden Situation zu befinden, denn in letzterer weiß der Mensch wenigstens, worin die Gefahr besteht, und kann, wenn sie vorüber ist, aufatmen und eine Wiederholung unter Umständen vermeiden. Während einer Panikattacke hat man Angst vor den Gefühlen und noch mehr Angst vor der Ursache, weil man sie ja nicht kennt. Aus diesem Grund sind die meisten Menschen fest davon überzeugt, ernsthaft krank oder sogar dem Ende nahe zu sein. Die Angst vor der Angst ist schlimmer als alles andere.

Sind Panikattacken eine Gefahr für die Gesundheit?

Panikattacken stellen keine Gefahr für die Gesundheit dar, und wenn Sie das einmal erkannt haben – und wissen, daß Ihre schreckliche Angst lediglich die Folge einer vermehrten Adrenalinausschüttung ist –, können sie gemeistert werden. Wie man mit ihnen umgeht, erfahren Sie in Kapitel 16.

Wann kommt es zu Panikattacken?

Panikattacken können in ganz verschiedenen Situationen auftreten, wie die folgenden drei Beispiele illustrieren:

> Ich las gerade ein Buch, als mich das schrecklichste aller Gefühle überkam – eine Mischung aus Angst und Trauer. So etwas hatte ich noch nie gefühlt. Das Bedürfnis, mich zu bewegen, war überwältigend, und so fing ich an, im Zimmer auf und ab zu gehen. Meine Frau Ann versuchte

mich zu beruhigen und versicherte mir, ich sei nichts weiter als erschöpft. Ich war jedoch ziemlich beunruhigt: Derart schreckliche Gefühle konnten nur einen Hirnschlag oder Herzinfarkt bedeuten. Mein normales Verhalten war vollkommen ausgeschaltet; ich begriff, daß ich Ann Sorgen machte, aber das war mir vollkommen gleichgültig. Nach ein paar Minuten war alles vorbei, doch die Angst, daß es sich wiederholen könnte, lauerte noch tagelang im Hinterkopf. Erst als mir Anns Freundin einen Zeitungsartikel zu lesen gab, fühlte ich mich etwas besser. In dem Zeitungsartikel stand nämlich, daß es zu Panikattacken kommen kann, wenn man lange nichts gegessen hat, und die Attacke selber wurde genauso beschrieben, wie ich sie erlebt hatte. An dem Tag, als es passierte, hatte ich das Mittagessen ausfallen lassen und den ganzen Tag lang nur eine Tasse Kaffee getrunken, und Ann wollte gerade das Abendessen auftragen, als es anfing.

Das erste Mal passierte es im Supermarkt. Ich griff gerade nach einer Orange, als mich dieses entsetzliche Gefühl überkam; es war eine Mischung aus schrecklicher Verlustangst und der Angst, daß etwas Furchtbares passieren würde. Alles um mich herum schien unwirklich. Ich hatte entsetzliche Angst, die Kontrolle zu verlieren – mir war heiß und schlecht, und meine Beine waren wie aus Gummi. Ich ließ den vollen Einkaufswagen stehen und rannte nach Hause. Das Ganze dauerte nur ein paar Minuten. Als ich an den Einkaufswagen dachte, kam ich mir vor wie der letzte Depp.

Die darauffolgenden Tage waren etwas trübselig, dann ging's mir zunächst wieder besser. Zwei Wochen später passierte mir das gleiche in der Bibliothek. Irgendwann entschloß ich mich, zum Arzt zu gehen, weil ich mittlerweile Angst hatte, allein aus dem Haus zu gehen; mein Mann mußte mich im Auto zur Arbeit bringen, und nach Hause kam ich mit dem Taxi. Meinen Kollegen erzählte ich, ich hätte Probleme mit dem Rücken.

Der Arzt meinte, meine Nerven seien angespannt, und schrieb mich zwei Wochen krank. Er kannte mich gut genug, um mich darauf hinzuweisen, daß ich während dieser Zeit keinen Steingarten anlegen oder das Haus streichen dürfe. Ich habe immer viel Streß gehabt im Leben, aber irgendwie hatte ich immer gedacht, ich hätte Nerven wie Drahtseile – eine Überlebenskünstlerin eben.

Ich war wie vor den Kopf geschlagen, als ich die Praxis mit einer Krankmeldung, einem Diätplan (ich hatte mir ziemlich viel Kummerspeck angefuttert) und der Anweisung verließ, mich auszuruhen und mir Gedanken über eine ruhigere Lebensweise zu machen. Mein Arzt hatte mir soviel Angst gemacht mit der Drohung, ich könnte womöglich einen Nervenzusammenbruch bekommen – ausgerechnet ich, wo ich dachte, nur spindeldürre Leute hätten Nervenzusammenbrüche –, daß ich seine Anweisungen befolgte.

Heute weiß ich, daß ich insgeheim Angst davor hatte, das Leben ruhiger anzugehen. Ich war tatsächlich zu beschäftigt, um innezuhalten und nachzudenken. Außerdem hatte ich Angst, Angst davor, nicht mehr loslegen zu können, wenn ich einmal innehielt. Ich mußte an meinen Sohn denken, als er noch klein war: Einmal hatten wir einen langen Nachhauseweg. Ich fragte ihn, ob er sich ins Gras setzen wolle, um sich auszuruhen. Seine Antwort lautete: »Nein, Mami, wenn ich mich jetzt hinsetze, dann werd' ich so müde, daß ich nicht mehr aufstehen kann.«

Kann es auch zu Panikattacken kommen, wenn man nicht erschöpft ist?

Die Antwort lautet ja, wenn irgendwo eine versteckte Angst lauert, entweder in der Vergangenheit oder in der Gegenwart, so wie in dem folgenden Beispiel:

Die Firma schickte mich für sechs Wochen nach Amerika. Ich war aufgeregt und machte mich an die Vorbereitungen für die Reise. Als ich im Reisebüro saß, hatte ich ein seltsames Gefühl, wenn ich an den Flug dachte. Ich hätte gerne mit jemandem darüber geredet, aber ich wollte mich nicht zum Narren machen. Wenn man ein großer, gutgebauter Mann ist, fällt es einem schwer, vor Freunden so etwas wie Flugangst zuzugeben. Außerdem war ich überzeugt, daß ich, wenn es soweit war, schon zurechtkommen würde.

Zwei Wochen vor dem Flug wachte ich plötzlich mitten in der Nacht mit einem entsetzlichen Gefühl auf. Ich war in Todesangst, mein Herz raste, und ich war total durcheinander. Mein erster Gedanke war: »Ein schrecklicher Virus«, deshalb rief ich einen Arzt. Er war sehr nett und versicherte mir, daß mir körperlich nicht das geringste fehle. Am nächsten Morgen in seiner Praxis erklärte er mir meine Panikattacke damit, daß die Angst vor dem Flug im Unterbewußtsein ständig an mir genagt habe. Er meinte, viele seiner Patienten hätten Angst vor einem Flug. Ich war ziemlich skeptisch, nahm aber die zwei Tabletten, die er mir für jeden Flug anbot.

Das gleiche Gefühl befiel mich noch mal, als ich in der Warteschlange vor dem Flugschalter stand, aber es war nicht mehr ganz so schlimm. Er mußte also recht gehabt haben. Ich war froh, daß ich eine Tablette nehmen konnte. Der Flug war okay; auf dem Rückflug habe ich keine Tablette gebraucht, und seitdem habe ich keine Panikattacke mehr gehabt. Das Ganze ist vor zwei Jahren passiert.

Zwangsvorstellungen

Zwangsvorstellungen sind immer wiederkehrende Gedanken oder Bilder, denen der Betroffene hilflos ausgeliefert ist, auch wenn er sie als unangenehm, nutzlos oder lächerlich empfindet.

Selbst gesunde Menschen leiden manchmal unter harmlosen Zwangsvorstellungen, wie beispielsweise einer Melodie oder einem Gespräch, das einem nicht aus dem Kopf will, oder einer verrückten Idee wie: »Ich werde bei der Prüfung durchfallen, wenn ich keine weiß-grün gestreiften Socken anziehe.«

Wenn einem solche fixen Ideen in den Kopf kommen und

so hartnäckig verweilen, daß dadurch das ganze Leben beeinträchtigt ist, dann spricht man von Zwangsneurose, die unbedingt ärztlich behandelt werden muß. Wenn Zwangsvorstellungen diesen Punkt erreichen, kann man daraus schließen, daß der Betroffene seit längerer Zeit unter psychischem Streß steht.

Zwangshandlungen

Wenn Gedanken, die durch Zwangsvorstellungen hervorgerufen werden, übermächtig werden, versucht der Betroffene in der Regel, sein Verhalten zu ändern, um damit fertig zu werden. In diesem Fall spricht man von Zwangshandlung: Der Betroffene tut oder unterläßt etwas, was weder für ihn noch für Außenstehende nachvollziehbar ist. Die unschuldige kindliche Form einer solchen Handlung könnte sein, nicht auf die Ritzen zwischen Pflastersteinen zu treten oder sich dreimal an die Stirn zu klopfen, bevor man das Klassenzimmer betritt. Es ist nichts Ungewöhnliches, wenn Kinder solche kleinen Rituale entwickeln – für sie können sie ein Schutzmechanismus gegen aufkeimende Angst sein.

Häufig vorkommende Zwangshandlungen

Ein Mensch muß sich ständig vergewissern, daß er beispielsweise den Herd ausgeschaltet oder die Haustür abgeschlossen hat. Obwohl der Betreffende weiß, daß die Tür abgeschlossen ist, wächst die Angst, sobald er sich entfernt, so daß er zurückgehen und nochmals nachsehen muß. Manchmal entwickelt sich daraus ein Verhaltensmuster, und die Angst verschwindet, wenn die Person sich mehrmals vergewissert. Für den Betroffenen kann es ermüdend und frustrierend sein, wenn er siebenmal von der Haustür zum Herd zurückkehren muß, bevor er schließlich das Haus verlassen kann, oder auch nur fünfmal vom Gartentor zur Haustür, um sicher zu sein, daß sie abgeschlossen ist.

Händewaschen, Putzen, Zählen und ständiges Aufräumen sind weitere häufig verbreitete Rituale. Je weniger Angst der Mensch hat, desto weniger belästigen ihn solche quälenden Symptome. Susan sagt vielleicht über ihre Freundin Penny: »Sie hat einen Tick, was Krankheitserreger anbetrifft, und ist deshalb ständig am Putzen.« Und es könnte tatsächlich sein, daß Penny scheinbar viel Zeit mit unnötiger Hausarbeit verbringt, aber wenn sich diese gut mit ihren sonstigen Tätigkeiten vereinbaren läßt und Penny glücklich und gesund ist, ist daran nichts auszusetzen. Wenn sie jedoch nur noch ans Putzen und an Krankheitserreger denkt und deswegen kein normales Leben mehr führen kann, dann leidet sie definitiv an einer Zwangsneurose.

Phobien

Ich habe bereits ausgeführt, daß Angst eine Mischung von Gefühlen ist, die wir spüren, wenn wir uns bedroht fühlen. Eine Phobie ist eine starke Angst vor einer Situation oder einer Sache, die normalerweise keinen Menschen ängstigen würde.

Eine Phobie kann sich jederzeit gegenüber allem entwikkeln. Phobien gegenüber Situationen, in denen eine Gefahr auftreten könnte, wie beispielsweise Gewitter, Höhen und Schlangen, sind einfacher nachzuvollziehen als Phobien gegenüber Federn, Knöpfen oder einem Loch in der Straße. Die Umwelt reagiert auf solche Phobien nicht selten mit Spott, nach dem Motto: »Wie kann man bloß Angst vor Knöpfen haben?«

Es ist wichtig zu erkennen, daß die Angst, die der Betroffene spürt, die gleiche ist, egal, ob er sich vor einem Gewitter oder einer Frau mit einem grünen Hut fürchtet. Schon der bloße Gedanke an die Situation kann eine Panikattacke auslösen.

Die häufigsten Phobien

- *Situationen:* Höhen, enge Räume, Dunkelheit, fern von zu Hause zu sein.
- *Krankheit:* Krebs, Herzbeschwerden, Verlust von Gliedmaßen.
- *Tiere:* Jedes Tier (auch solche, denen man höchstwahrscheinlich nie begegnet) – schon ein Bild oder die Vorstellung davon – kann Angst auslösen.
- *Sozialer Natur:* Menschen in zwangloser oder formeller Umgebung zu begegnen, in Bussen, im Supermarkt, beim Friseur usw.

Die Angst, die sichere und vertraute häusliche Umgebung zu verlassen, Agoraphobie oder Platzangst genannt, gehört wohl zu den am weitesten verbreiteten Phobien. Sie reicht von der Abneigung, nach draußen zu gehen – in Geschäfte oder auf eine Reise beispielsweise –, bis hin zu vollkommener Isolation und Depression in den eigenen vier Wänden.

Es ist gut möglich, daß wir uns alle vor irgend etwas, was oben aufgeführt ist, fürchten; man spricht jedoch nur dann von einer Phobie, wenn unser Leben durch die Vermeidung einer angstauslösenden Situation vollkommen gestört ist – wenn wir beispielsweise aus lauter Angst vor Hunden nicht mehr aus dem Haus gehen.

Ist ein Mensch mit einer Phobie krank?

Wenn Ihre Phobie Spinnen beträfe und Ihnen jemand ein solches Tier auf den Arm setzen würde, wäre dies eine schreckliche Erfahrung für Sie; es würde in Ihrem Körper eine regelrechte Kettenreaktion auslösen. Das bedeutet aber nicht, daß Sie krank sind. Ich werde später erklären, wie Sie Ihrem Körper nach einem solchen Vorfall helfen und verhindern können, daß es durch körperliche Umstände wie beispielsweise Hunger überhaupt zum Ausbruch einer Phobie kommt.

Behandlungen von Phobien

Verhaltenstherapie, in diesem Fall systematische Desensibilisierung und Konfrontationsverfahren, ist in der Regel sehr hilfreich. Dazu gehört, daß der Betroffene der angstmachenden Situation regelmäßig und in immer stärkerem Maße ausgesetzt wird. Auf diese Weise begegnet der Betroffene seiner Angst stufenweise. Im Falle von Agoraphobie würde er zum Beispiel anfänglich aufgefordert, bis zum Gartentor zu gehen, dann ein paar Schritte weiter und so fort. Wenn er eine Katzenphobie hätte, würde man ihm zunächst Bilder von Katzen zeigen und so lange fortfahren, bis er (mit Hilfe seines Therapeuten) in der Lage ist, eine Katze ohne Angst zu streicheln. Diese Therapie ist um so wirksamer, je besser der Patient versteht, was in seinem Körper vor sich geht (daß ein Teil des Nervensystems schnell reagiert – der Mann im roten Ferrari – und der andere langsam – der Mann im blauen Gogomobil). Wichtig ist außerdem, daß der Betroffene lernt, zu entspannen und richtig zu atmen.

Dies belegt auch ein Artikel in der Zeitschrift *The Lancet* vom 22. September 1984 mit dem Titel »Der Mensch gesundet nicht nur über den Verstand«:

> Zwei Gruppen von Patienten wurden wegen ihrer Agoraphobie behandelt. Die eine Gruppe arbeitete mit Atemtraining und Verhaltenstherapie, die andere nur mit Verhaltenstherapie. Beide Gruppen machten gute Fortschritte, aber nach sechs Monaten zeigte sich, daß die erste Gruppe ihre Fortschritte beibehalten hatte, während die zweite Gruppe in ihr altes Verhaltensmuster zurückgefallen war.

Früher wurden Phobien als sehr schwer zu behandeln eingestuft. Man weiß jedoch inzwischen, daß sich mit Hilfe von Entspannungsmethoden gute Erfolge erzielen lassen, ganz im Gegensatz zu Tranquilizern, die, anstatt zu helfen, mitunter Phobien sogar auslösen. Nicht alle Betroffenen brauchen therapeutische Hilfe, manchmal können auch Selbsthilfegruppen, Freunde und Verwandte die Heilung unterstützen.

Hyperaktivität

In diesem Zustand ist man dermaßen aufgedreht, daß man ständig in Bewegung ist. Der Drang, sich zu bewegen, ist überwältigend. Im positiven Fall kann er genutzt werden, um beispielsweise lange zu arbeiten, im negativen Fall ist er jedoch ziellos und wird zum Beispiel als Mangel an Konzentration empfunden: »Ich kann einfach nicht stillhalten; irgendwie bin ich gleichzeitig im Garten beim Unkrautjäten, drinnen beim Putzen des Badezimmers und beim Hundausführen.«

Hyperaktivität ist sowohl für den Betroffenen als auch für die Umwelt sehr belastend. Die Energie, die durch extreme Spannung erzeugt wird, macht sich überall Luft, und der Betroffene kann sich nicht entspannen. Muskelschmerzen sind die Folge, und obwohl sich der Körper nach Ruhe sehnt, kann er sie nicht herbeiführen. Durcheinanderwirbelnde Gedanken und zwanghaftes Reden gehören ebenfalls zur Hyperaktivität.

Konzentrationsmangel

Selbst junge Menschen fürchten, senil zu werden, weil sie sich nicht aufs Lesen konzentrieren oder nicht einmal einfachen schriftlichen Anweisungen folgen können. Sie vergessen Verabredungen und glauben, ihr Gedächtnis lasse sie im Stich. Dabei ist eher anzunehmen, daß sie zu angespannt sind, um die Information aufzunehmen, und weniger, daß ihr Gedächtnis sie im Stich läßt. Wenn sich die Nerven erholen, kehrt auch die Konzentrationsfähigkeit wieder zurück. Bis dahin könnten Sie sich kleine Merkzettel schreiben, auf denen beispielsweise steht: »Wenn ich angespannt bin, kann ich mich schlecht konzentrieren – was kann ich dagegen tun?« oder: »Wenn ich zu schnell atme, kann ich mich schlecht konzentrieren.«

Schlaflosigkeit

Schlaflosigkeit ist ein besonders quälendes Symptom, da man die Sorgen des Tages nicht vergessen kann und weiß, daß man sich am kommenden Tag noch schlechter fühlen wird. Langanhaltende Schlaflosigkeit kann zu Depressionen führen. Manche Menschen haben Schwierigkeiten einzuschlafen, andere wachen mehrmals in der Nacht auf oder liegen am frühen Morgen wach. Schlafstörungen reichen von seltsamen Träumen über Alpträume und Panikgefühle bis hin zu Blähungen und dem Bedürfnis, häufig Wasser zu lassen.

Ursachen von Schlaflosigkeit

Zu den vielen Ursachen gehören: Sorgen, Aufregung, Schmerzen, Jucken, Mangel an Bewegung und frischer Luft, Atem- und Verdauungsbeschwerden. Eine gut funktionierende Verdauung scheint viel mit einer guten Nachtruhe zu tun zu haben. Vielleicht liegt das daran, daß die Bakterien im Darm chemische Stoffe produzieren, die uns schläfrig machen.

Was kann ich tun, damit ich schlafen kann?

Wer hier ein Patentrezept erwartet, wird enttäuscht sein, denn es gibt schlichtweg keines. Eine durchwachte Nacht ist der eindeutige Beweis dafür, daß Sie seelisch gestreßt sind (außer, es gibt dafür einen praktischen Grund wie Zahnschmerzen oder ein schreiendes Baby), und solange Sie hier nicht Abhilfe schaffen, werden Sie auch nicht gut schlafen.

Bleiben Sie nicht im Bett

Die Vorbereitungen für den Schlaf beginnen mit dem Aufstehen. Es ist ein großer Irrtum, bis in die Puppen zu schlafen, weil man meint, versäumten Schlaf nachholen zu müssen. Dadurch kommt es zur Verschiebung des normalen Körperrhythmus. Außerdem verschlafen Sie die hellste Zeit des Tages und kämpfen andauernd gegen Müdigkeit an. Selbst wenn Sie sich nur das Frühstücksprogramm im Fernsehen ansehen, sollten Sie die Anstrengung unternehmen, aufzustehen und Ihre morgendliche Routine zu bewältigen.

Machen Sie sich Gedanken über das, was Sie tun

Es ist sinnlos, den ganzen Tag herumzueilen oder angespannt herumzusitzen und dann zu erwarten, daß der Körper eine halbe Stunde vor Schlafenszeit müde wird. Ich bekomme so oft zu hören: »Früher brauchte ich mich nur hinzulegen, und schon war ich eingeschlafen.«

Machen Sie sich mit dem Gedanken vertraut, daß müde Nerven launische Nerven sind und Sie in gewisser Weise gegen Ihren Körper arbeiten müssen. Wenn Sie das Gefühl haben, daß Sie nicht weiterkommen, und Sie Ihr gegenwärtiges Schlafmuster verändern wollen, könnten Sie Ihren Arzt bitten, Ihnen kurzfristig ein Schlafmittel zu verschreiben (siehe Kapitel 11).

Das Schlimmste, was Sie tun können, ist, wach zu liegen und sich Sorgen zu machen, weil Sie nicht schlafen können. Stehen Sie lieber auf, und beschäftigen Sie sich. Sie könnten ein paar der Übungen aus dem zweiten Teil machen, vor allem die langsamen Atemübungen (siehe Kapitel 16). Auch Fußmassagen und Fußbäder in lauwarmem Wasser wirken oft Wunder. Der Pulsschlag läßt sich verlangsamen, indem man sanften Druck auf die Augäpfel ausübt, einen Kräutertee oder Milch trinkt oder einen kleinen Imbiß einnimmt, denn wer hungrig ist, kann nicht schlafen. In manchen Fällen hilft Entspannungsmusik; wer sie im Bett hören will, sollte Kopfhörer benutzen, damit der Partner nicht gestört wird.

SAD (Saisonal abhängige Depression)

Melatonin ist ein natürliches Hormon, das bei Lichteinwirkung auf die Augen im Gehirn, und zwar in der Zirbeldrüse, produziert wird. Während der kurzen Tage im Winter kommt es bei manchen Menschen aufgrund eines niedrigen Melatoninspiegels zum SAD-Syndrom (saisonal abhängige Depression), im Volksmund Winterdepression genannt. Die beste Hilfe gegen das Stimmungstief bietet die Lichttherapie, denn helles Licht ist ein wichtiger Impulsgeber, der über das Auge die Hormonproduktion im Gehirn beeinflußt. Grundsätzlich sollten Sie sich im Winter viel im Freien aufhalten, denn ein bißchen Licht ist besser als gar keines.

Wer die Lichttherapie zu Hause machen will, für den gibt es spezielle medizinische Lampen mit einer Lichtstärke von 2500 bis 10 000 Lux. Sie simulieren Tageslicht, haben allerdings viel weniger Blauanteil als dieses und keine UV-Strahlen, so daß die Haut nicht geschädigt wird. Man setzt sich jeden Tag je nach Lichtstärke zwischen 30 Minuten und zwei Stunden vor das Lichtgerät. Der beste Zeitpunkt dafür ist der Morgen, am Abend kann die Lichtdusche zu Schlafstörungen führen.

Die Erfolge der Lichtbehandlung sind groß: Bei etwa 80 Prozent der Patienten bessern sich die depressiven Verstimmungen innerhalb kurzer Zeit. Bevor Sie allerdings eine solche Lichttherapie durchführen, sollten Sie unbedingt Ihren Hausarzt oder zumindest Ihren Augenarzt zu Rate ziehen.

6. Ursachen für seelischen Streß

Der ganz normale Alltagsstreß

Wenn Sie schon einmal mit Hilfe einer Liste in einer Zeitschrift Ihren persönlichen Streßfaktor bestimmt haben, waren Sie nach Zusammenzählen der Punkte vielleicht am Rande eines Nervenzusammenbruchs. Die Liste müßte sehr lang sein, wollte man sämtliche schmerzliche Begebenheiten im Leben aufführen. Wenn also Ihr Problem nicht dabei ist, ist das kein Grund, sich nicht wichtig zu fühlen. Alles, was uns Sorgen bereitet oder uns schmerzt, ist Streß. Auch wenn andere der Meinung sind, daß Sie sich davon nicht aus der Ruhe bringen lassen sollten – wenn es Sie unglücklich macht, dann gehört es auf die Liste. Sich auf Veränderung einzustellen beispielsweise bedeutet Streß.

Typische Streßfaktoren

- Tod eines geliebten Menschen
- Tod eines Menschen, den Sie Ihrer Meinung nach mehr hätten lieben sollen
- Scheidung
- Scheitern einer Beziehung
- Körperliche Krankheit
- Behinderung
- Arbeitsplatzverlust
- Streß am Arbeitsplatz
- Armut
- Ruhestand
- Schlechte Wohnverhältnisse
- Alter
- Erwachsen werden
- Geboren werden
- Betreuen alter Menschen
- Arbeit unter Termindruck
- Zuviel Verantwortung (vor allem bei jungen Menschen)
- Ein schreiendes Baby
- Unzufriedenheit mit dem eigenen Aussehen
- Betreuen junger Menschen
- Sucht
- Spirituelle Probleme
- Betreuen kranker Menschen
- Prüfungen
- Wegzug von Verwandten
- Beförderung
- Heirat
- Geburt von Nachwuchs
- Flüggewerden der Kinder
- Lernschwierigkeiten
- Auszug von zu Hause
- Reise
- Schwere körperliche Arbeit
- Lange Arbeitszeiten
- Unzureichende Arbeitsbedingungen
- Ständiges Reisen
- Angst vor Überfall und Vergewaltigung
- Sorgen um die eigene Sexualität
- Gewinn der Fußballmeisterschaft

Weil Menschen sich schuldig fühlen, wenn sie an einer psychischen Krankheit leiden, stürzen sie sich oftmals auf eine solche Liste und sagen: »Ja, genau, das und das und das trifft auf mich zu«, als müßten sie seelischen Streß rechtfertigen. Wenn Sie seelisch in Schwierigkeiten sind, dann haben Sie gelitten oder leiden noch – so einfach ist das.

Manchmal ist es besser, nicht zu intensiv nach den Ursachen des Problems zu forschen. Wahrscheinlich stoßen Sie von ganz allein auf die Ursachen, wenn der seelische Streß nachläßt.

Angestauter Schmerz

Die Vergangenheit beeinflußt Ihre Psyche. Von Geburt an wird Schmerz angestaut, vielleicht sogar schon im Mutterleib. Der Säugling kommt mit dem Bedürfnis auf die Welt, gefüttert, geliebt, beschützt und behütet zu werden. Wenn diese Bedürfnisse nicht befriedigt werden und er mehr Schmerz (Angst, Zorn, Trauer usw.) erfährt, als er ertragen kann, dann versucht er den Schmerz auszuschalten, indem er ihn mit Anspannung unterdrückt. Dies ist der Beginn der Neurose.

Erstarrte Gefühle – Neurose

Zeit, die Gefühle aufzutauen

Je mehr ein Mensch seine Gefühle ignoriert und verleugnet, desto größer ist die Wahrscheinlichkeit, daß er »eine Schublade im Gefrierschrank seines Unterbewußtseins« hat, auf der geschrieben steht: »Unangenehme Gefühle – Schublade nicht öffnen.« In der Schublade stapeln sich überquellende Behälter, deren Verfallsdaten längst abgelaufen sind und deren Aufschriften Zorn, Haß, Eifersucht, Ablehnung, Enttäuschung usw. lauten.

Wann beginnt das Einfrieren?

Der Grundstein der Neurose wird dann gelegt, wenn die Unterdrückung der echten Gefühle zur Regel wird. Dies kann jederzeit im Leben geschehen, angefangen von der Kindheit bis ins Alter. Die Neurose ist eine Erkrankung des Fühlens – eine Reaktion auf Schmerz. Ein Kind, das sich sicher und geliebt fühlt und seine wahren Gefühle zeigen darf, hat es nicht nötig, eine Mauer zu bauen, um sich dahinter zu verstecken. Das Kind kann so sein, wie es ist, und anderen sein wahres Selbst zeigen. Nur ein unglückliches Kind wird, um den Schmerz auszuhalten und das Leben erträglich zu machen, seinen Körper anspannen und seine Gefühle verstecken. Es wird außerdem seine Gedanken auf eine Weise lenken, die es ihm ermöglicht, anders auf seine unglückliche Situation zu reagieren. Dies ist der Ursprung der Verstellung.

Dazu ein Beispiel: Ein Kind, das im Kindergarten ruhig

auf seinem Platz sitzt, vor- und zurückschaukelt, nicht weint und höflich antwortet, wenn man es anspricht, will damit kaum sagen: »Ich bin ein zufriedenes Kind, das sich mit seinem Los abgefunden hat.« In Wirklichkeit sagt es vielmehr: »Am liebsten möchte ich meinen Zorn und meine Angst hinausschreien, weil ich so unglücklich bin. Aber damit habe ich aufgehört (ich bin traurig geworden), weil ich auch dann nicht kriege, was ich will. Da ich meinem Unglück nicht entkommen kann, muß ich mich damit abfinden.«

Als Erwachsene verharren wir nicht selten im gleichen Muster, wir umgeben uns mit einem Panzer und manipulieren unsere Gedanken (Depression) bis ins hohe Alter.

Das Verhalten des verletzten Kindes

Wir wissen, daß das verletzte Kind sich nicht normal verhalten kann und daß es, um sich zurechtzufinden oder seinen Eltern zu gefallen, seine wahren Gefühle unterdrückt und sich neurotisch verhält. Dies ist keine törichte, sondern die einzig mögliche Reaktion für ein Kind, das leidet. Wir lernen schon früh, auf Schmerz mit Angst und Depression zu reagieren, und um dieses Muster zu durchbrechen, ist es notwendig, daß wir es besser verstehen.

Das verletzte Kind ist immer noch in uns

Menschen, die leiden, brauchen Liebe und Verständnis. Das verletzte Kind in uns schreit genau danach. Egal, wie alt man ist, ist es nie zu spät, damit anzufangen. Wie kann man einen anderen lieben, wenn man sich nicht um das traurige, ängstliche Kind in sich selbst kümmert? Wir lernen, daß es selbstsüchtig ist, an sich selbst zu denken. Nur an sich selbst zu denken ist selbstsüchtig, das Kind in uns lieben zu lernen ist hingegen eine wichtige Voraussetzung dafür, gesund zu werden.

Das verletzte Kind verstehen

Stellen Sie sich ein kleines Mädchen vor, das darunter leidet, nicht so geliebt und behütet zu werden, wie es das braucht. Es hat Angst und glaubt, daß alles besser wird, wenn es brav ist und seiner Mutter Freude macht (denken Sie daran, daß ihre Mutter die Kleine wahrscheinlich liebt, jedoch nicht in der Lage ist, ihre Bedürfnisse zu erkennen). Das Mädchen liebt seine Mutter und tut alles, um ihr Freude zu bereiten. Dadurch bringt es sich dazu zu glauben, es sei glücklich in der Rolle der liebenden Tochter. In Wirklichkeit ist es wütend und möchte zu seiner Mutter sagen: »Warum denkst du nur an deine eigenen Sorgen? Ich bin auch ängstlich und unglücklich – und du bist erwachsen, ich aber bin noch so klein.«

Die Angst, nicht geliebt zu werden

Die Tochter wird dieses Spiel höchstwahrscheinlich noch spielen, wenn sie älter ist. Sie hat – wenn auch vielleicht nicht bewußt – Angst, die Liebe der Mutter endgültig zu verlieren. Frustration und Wut, die durch die vorgespielte Rolle entstanden sind, können sich im Laufe der Jahre in neurotisches Verhalten verwandeln. Genausogut kann es zu psychischer Erschöpfung (Nervenzusammenbruch) kommen, wenn sie ihre Wut nicht mehr unterdrücken kann oder muß.

Die Neurose ist eine Reaktion auf Schmerz. Es ist schade, daß das Wort meist negativ und abwertend gebraucht wird; bezeichnet man einen Menschen als neurotisch, ist meist gemeint, daß er oder sie töricht, schwach und unberechenbar ist und mit dem Leben nicht fertig wird.

Kinder wollen ihre Mitmenschen lieben

Kinder wollen nicht nur geliebt werden, sondern auch lieben. Es ist furchtbar enttäuschend für sie, wenn man sie so behandelt, als zählten ihre Gefühle nicht. Geliebt zu werden reicht nicht aus, um eine eigene Identität zu entwickeln. Man muß darüber hinaus als denkendes, fühlendes menschliches Wesen anerkannt werden. Das heißt nicht, daß ein junger Mensch keine Führung oder Disziplin brauchte – die braucht er –, aber wenn er das, was er fühlt, nicht äußern darf, wird er unweigerlich verkümmern. Wie viele »verkümmerte« Menschen kennen Sie?

Selbstwertgefühl

Ein psychisch kranker Mensch wird oft sagen: »Ich weiß nicht mehr, wer ich bin.« Überrascht Sie das? Wir befinden uns in einem furchtbaren Dilemma: Wir unterdrücken unseren Schmerz, versuchen, anderen und manchmal uns selbst zu gefallen, und verlassen uns darauf, daß andere uns sagen, wer wir sind.

Vielleicht sagt das Unterbewußtsein eines psychisch Kranken lediglich: »Ich habe versucht, dich gesund zu machen, aber du hast nicht auf mich gehört. Du bist kein Kind mehr und solltest versuchen, du selbst zu werden.«

7. Lernen Sie, Sie selbst zu sein

Unser Körper möchte frei sein vom Panzer der Anspannung – er möchte nur er selbst sein. Auch unser Geist möchte frei sein. Statt dessen vollführen wir einen Drahtseilakt mit unseren Gefühlen und zwängen sie in ein Korsett, um denen um uns herum zu gefallen – wir verbiegen uns zuerst für unsere Eltern, Lehrer, dann für unsere Ehepartner, Kinder, Chefs, Schwiegermütter usw. Wann wird es aufhören? Erst wenn wir uns selbst so sehr lieben, um wahrhaft wir selbst zu sein.

Das heißt nicht, daß wir die, die dazu beigetragen haben, daß wir nicht wir selbst sind, nicht mehr lieben sollen. Vielmehr ist es jeder sich selbst schuldig, sich als einzigartigen, wichtigen Menschen anzunehmen, ganz gleich, welche Gefühle er hegt. Wir haben das Recht auf unsere Gefühle, sie gehören uns. Ob die Gefühle gut oder schlecht sind, geht nur uns und Gott oder unser Gewissen etwas an. Niemand hat das Recht, uns vorzuschreiben, was wir denken und fühlen sollen. Gefühle können niemals vorgeschrieben werden, sie sind einfach da. Wenn Sie aufhören, Ihre Gefühle zu bekämpfen, und sie statt dessen annehmen, wird Ihr Leben nicht nur einfacher, sondern auch aufregender. Auch wenn wir vielleicht nicht immer stolz auf unsere Gefühle sind, wissen wir doch wenigstens, wer wir sind. Eine Veränderung ist erst dann möglich, wenn wir das, was wir verändern wollen, annehmen.

Es ist wichtig, unsere Mitmenschen, vor allem junge, zu ermutigen, ihre Gefühle zuzulassen und auszudrücken.

Eigene Antworten finden

Vielleicht müssen Sie hinnehmen, daß sich niemand für Ihren Schmerz interessiert. In streng medizinischem Sinn sind Sie nicht krank: Sie haben weder zu viele weiße Blutkörperchen noch einen Gehirntumor und auch keine interessanten Halluzinationen, die einen Fachmann zu der Aussage verleiten könnten: »Aha, genau das habe ich vermutet – klassisches Symptom.« Sie sind »nur« ein einsamer Mensch inmitten einer Familie, der sich bemüht, das Gleichgewicht nicht zu verlieren, der einen grauen Tag nach dem anderen verlebt, aufgrund seiner Gefühle verwirrt ist und von Schuldgefühlen geplagt wird. Sie sitzen in Ihrer Wohnung inmitten all dessen, was man mit Geld kaufen kann, umgeben von schmutzigen Kaffeetassen, Zigarettenkippen und Flecken auf dem Pulli.

Sie können entscheiden, ob Sie folgende Fragen mit Ja oder Nein beantworten:

- Sind Sie bereit, die Verantwortung für Ihr körperliches und seelisches Wohlbefinden zu übernehmen?
- Sind Sie bereit, sich zu fragen, in welchem Maß Sie an Ihrem Unglück mitwirken?

- Sind Sie bereit aufzuhören, sich weiterhin mit Alkohol, Drogen, Zigaretten, schlechtem Essen, zu wenig Bewegung und frischer Luft zu zerstören?
- Sind Sie bereit aufzuhören, sich selbst zu bemitleiden?
- Sind Sie bereit herauszufinden, wo Ihre wahren Bedürfnisse liegen?
- Sind Sie bereit aufzuhören, es immer allen recht machen zu wollen?
- Sehen Sie ein, daß Sie Ihre Mitmenschen nicht ändern können – daß Sie nur nicht länger zulassen dürfen, daß deren Einstellung Sie verletzt?
- Sehen Sie ein, daß Sie eine schreckliche Last für Ihre Mitmenschen werden könnten, wenn Sie nicht gut für sich selbst sorgen?
- Sehen Sie ein, daß Sie durch das Bild, das Sie von sich haben, Ihre Angst und Depression teilweise selbst verursachen?
- Sind Sie bereit, Sie selbst zu sein und nicht so, wie die anderen Sie gerne haben wollen?

Lernen, sich selbst zu behaupten

Diese Übung kann sehr befreiend sein. Es ist dabei nicht notwendig, daß Sie Ihren Mitmenschen grob und zornig gegenübertreten und sagen: »Schaut her, jetzt kommt mein wahres Ich zum Vorschein. Ich lass' mich ab jetzt nicht mehr herumschubsen.« Das Ganze kann auf sanfte, liebevolle Weise geschehen. Aber egal, wie Sie es angehen, auf Kritik einstellen sollten Sie sich allemal.

An Beziehungen arbeiten

Wären Beziehungen auch dann so schwierig, wenn wir die anderen und uns selbst so annehmen könnten, wie wir sind, mit all unseren Stärken und Schwächen? Wir haben bereits gesehen, daß ehrliche Gefühle zu einem gesunden Verhalten führen: zu einer positiven Einstellung gegenüber der Zukunft, der Fähigkeit, sich Veränderungen anzupassen, das Leben zu meistern. Unterdrückte Gefühle führen zu neurotischem Verhalten, Angst und Depression. Wenn Sie sich selbst gegenüber ehrlich sind, folgt die Ehrlichkeit den Mitmenschen gegenüber als logische Konsequenz. Vergessen Sie dabei nicht, daß Sie nicht erwarten können, daß die anderen sich ändern: Sie können ihnen nur zeigen, wie ihr Verhalten auf Sie wirkt.

Eine offene, ehrliche Unterhaltung

Stellen Sie sich folgende Szene vor:
Eine Bar, wöchentlicher Treffpunkt für Bill, Tony und George. Die drei sind seit Jahren befreundet. Sie unterhalten sich jede Woche über Sport, die Arbeit und, je nach Jahreszeit, über Holunder, Pflanzenschädlinge, ihren Sommerurlaub und die Vorzüge von doppelverglasten Fenstern für die Wärmedämmung. Es ist Anfang April.

Es ist noch zu früh für Holunder, und die grüne Blattlaus ist noch nicht gesichtet worden. Heute abend wollen sie über Gefühle sprechen, zumindest George.

Bill und Tony stehen an der Bar, als er hereinkommt. Sie begrüßen sich, dann bemerkt Bill, daß George gerötete Augen hat.

Bill: Na, hat dich das Heufieber schon erwischt, alter Junge?

George: *ziemlich belämmert* Nein, ich hab' geweint.

Bill und Tony: Geweint! *Der Ton in ihrer Stimme verrät, daß sie nicht weniger schockiert hätten sein können, wenn er gesagt hätte, er hätte in die Hose gepinkelt.*

Bill: *ernst* George, es ist doch nichts mit Betty, oder?

George: *lächelnd* Nein, Betty geht's gut, es ist alles in Ordnung.

Tony: *seine Neugier ist größer als seine Verlegenheit* Aber warum hast du dann geweint?

George: Ich hab' gar nicht richtig geweint. Eigentlich hab' ich mich richtig gut gefühlt. Bevor ich herkam, war ich im Garten, die Sonne schien, eine Amsel hat sich ein Nest gebaut, und Betty hat drinnen einen alten Schlager auf dem Klavier gespielt – ich war plötzlich so gerührt, und da sind mir einfach die Tränen gekommen, einfach so. Als ich letztes Jahr den Herzinfarkt hatte, haben mir die Ärzte gesagt, daß ich meine Gefühle zulassen soll.

Bill und Tony: *zusammen, nach einem Augenblick verblüfften Schweigens* Und wer will jetzt noch 'n Bier?

Im Lauf der nächsten Stunde reden die drei über den Rost an Bills Auto, die Regierung und die neue Kellnerin. George, inzwischen glücklich und zufrieden, macht sich auf den Weg zum Klo. Tony und Bill werfen sich einen Blick über den Rand ihrer Biergläser zu.

Bill:	Was meinst du zu George?
Tony:	Ich weiß nicht recht, aber ich weiß, daß er einen Vetter drüben in Carlisle hat, der nicht ganz richtig im Kopf ist.

Bill und Tony glauben, ihre Ängste und ihre Trauer selbst vor ihren Nächsten verbergen zu müssen.

Bill hat Angst vor dem Fliegen, Angst davor, daß seine Frau vor ihm sterben könnte, seine Arbeit zu verlieren. Er ist traurig, daß sein Vater alt und senil wird, und er trauert immer noch um seinen Hund. Er behält seine Gefühle für sich.

Tony hat bis zu seiner Heirat bei Nacht nur mit Licht geschlafen. Seine Frau weiß nicht, daß er sich in der Dunkelheit noch immer fürchtet. Sie wünschte, er wäre in anderen Dingen ebenso sorgfältig wie in der Vorsorge für den Fall eines Stromausfalls – im ganzen Haus stehen Schachteln voller Kerzen und Fackeln. Er empfindet Mitleid mit einem behinderten Kind in der Nachbarschaft, obwohl er dem Jungen keine Beachtung schenkt und den Eltern aus dem Weg geht. Er macht sich Sorgen wegen seines Rauchens, aber wenn jemand ihn darauf anspricht, wird er wütend. Er liebt seine Frau aus ganzem Herzen, aber er sagt es ihr nur selten.

George fühlt sich seiner Frau gegenüber seit Jahren schuldig, weil er sich geweigert hat, ihr totgeborenes Kind anzuschauen. Allein bei dem Gedanken an das tote Kind hatte ihn eine Angst gepackt, die er sich nicht erklären konnte. Ein paar Monate nach der Geburt schlief er vor dem Kaminfeuer ein und träumte von seinem jüngeren Bruder, der bei der Geburt gestorben war; George war damals vier gewesen. Als er aufwachte, war er ganz durcheinander, und er erinnerte sich, wie sehr er sich davor gefürchtet hatte, damals die wächserne Wange küssen zu müssen. Er erinnerte sich auch daran, daß er zu seiner Tante geschickt worden war und sie ihm immer weh getan hatte, wenn sie sein Gesicht schrubbte. Der Traum macht sein Schuldgefühl etwas klarer, aber trotzdem fehlt ihm der Mut, mit seiner Frau darüber zu sprechen. (Als er es Jahre später nach seiner Entlassung aus dem Krankenhaus endlich tut, weinen beide bitterlich, und seine Frau kann endlich ihren Schmerz darüber loslassen, daß George dem Verlust ihres Kindes gegenüber scheinbar so gleichgültig gewesen war.)

Gefühle zeigen

Wenn Sie Ihren Mitmenschen Ihre wahren Gefühle nicht zeigen, führen Sie dann nicht genau die Fehler weiter, die die Erwachsenen Ihnen als Kind gegenüber begangen haben?

Wenn wir klein sind, denken wir: »Wenn ich groß bin, tu' ich das, das und das«, aber tun wir's wirklich? Oder verstecken auch wir unsere Gefühle und machen gute Miene zum bösen Spiel, damit andere uns nicht ablehnen oder, schlimmer noch, uns verlassen? Wie oft sagen wir ja, wenn wir nein meinen, und nein, wenn wir ja meinen, und zu welchem Preis?

8. Die Angst verstehen

Die Angst zu verstehen ist der erste Schritt, sich von ihr zu befreien. Es gibt drei Arten von Angst, und sie haben eines gemeinsam: die körperlichen Symptome. Auch wenn die Ursachen unterschiedlich sind, gleichen sich doch die Auswirkungen auf den Körper.

Ein junger Mann weinte während der ersten Lektion über den Umgang mit der Angst. Seine Tränen waren eine Mischung aus Erleichterung und Wut – er hätte sich die jahrelange Einnahme von Pillen sparen können, wenn er verstanden hätte, was in ihm vorging.

Arten der Angst

Die äußere Angst

Hier handelt es sich um die Angst vor realen Bedrohungen für Körper und Lebensumstände, so die Angst vor einer Operation oder dem Verlust des Arbeitsplatzes. Manchmal ist die Gefahr so beängstigend, daß der Betroffene sich weigert, sich mit den Ursachen der Angst auch nur gedanklich auseinanderzusetzen. Genau dadurch wandelt er sie in körperliche Symptome um. Er leugnet Probleme und weicht aus, wenn der Arzt ihn fragt, welche Sorgen er hat. Sein

Leugnen stellt keine Unwahrheit dar, es ist vielmehr die Wahrheit, wie er sie sieht.

Die innere Angst

Hier kommt die Angst von innen und wird durch Gedanken hervorgerufen. Es sind keine Gedanken wie beispielsweise die Sorge, was passiert, wenn man eine Prüfung nicht schafft, wie bei der äußeren Angst. Es sind vielmehr vage innere Ängste, die der Betroffene nur erahnt: die Angst davor, die Kontrolle zu verlieren, Angst vor Bestrafung, Angst, nicht liebenswert zu sein, Angst vor zerstörerischen Gedanken, vielleicht der Familie gegenüber. Die Betroffenen haben oftmals furchtbare Angst vor Vergeltung, weil sie beispielsweise eine tiefe Abneigung gegen ihren Chef hegen, diese aber nicht offen zeigen. Diese scheinbare eigene Feigheit kann zu Selbstverachtung führen.

Die Angst vor Schuld

Die moralische Erziehung, der wir als Kind ausgeliefert sind, ist nicht selten eine weitere Ursache für Angst – Angst vor Schuld. Auch wenn wir älter werden, spielen wir die alten Platten in unserem Kopf ab und entwickeln auf diese Weise einen inneren Richter und eine innere Geschworenenbank, deren Urteil sehr viel strenger ist als das, was wir in der Kindheit gelernt haben. Es kommt zu einer vorweggenommenen Schuld: Man hat Angst, etwas zu tun, das die Gesellschaft verurteilen würde, und andererseits ist man furchtbar frustriert, weil man immer wieder die gleiche Routine durchlaufen muß, um die eigenen Ängste in Schach zu halten. Als Beispiel dient hier der Mann, der immer ja sagt, weil er die schrecklichen Schuldgefühle nicht erträgt, wenn er nein sagt. Er fühlt sich gegängelt, weil er seine Mutter jeden Sonntag über zwanzig Kilometer zum Bridgespielen bei ihrer Freundin fahren muß, aber er fährt sie lieber hin, als das Schuldgefühl zu ertragen, wenn er es nicht täte.

Überlegen Sie, was Mißbilligung für Sie bedeutet:

- Wie fühle ich mich, wenn mich jemand tadelt oder zurückweist? Ängstlich / verletzt / in die Enge getrieben / wie ein unartiges Kind?
- Tue ich etwas, um Mißbilligung zu vermeiden, auch wenn es sich nur um kleine Dinge handelt, um mich dann für meine Schwäche zu verachten?
- Verhalte ich mich immer und immer wieder so?

Wenn wir als Kind unablässig ermahnt werden, »artig zu sein, an andere zu denken« usw., vermittelt man uns in Wahrheit, daß wir uns selbst geißeln und die Gefühle der anderen vor unsere eigenen stellen sollen, um als sozialer Mensch zu gelten. Dies ist jedoch ganz falsch. Natürlich muß man Kindern beibringen, ihre Nächsten zu lieben wie sich selbst und die Gefühle der anderen zu respektieren. Aber ein System, das uns lehrt, die eigenen Bedürfnisse zu mißachten, läuft Gefahr, stille Märtyrer hervorzubringen oder aber Menschen, die nur an sich selbst denken und sich ein Vergnügen daraus machen, die Gefühle der anderen zu verlachen.

Wenn Richter und Geschworene schon ganz früh im

Leben eines Menschen Einzug halten, ist der Häftling sein ganzes Leben lang nur auf Bewährung frei, und er lebt in ständiger Angst davor, ein »Verbrechen« gegen die Gesellschaft zu begehen; der Gedanke an die Strafe (Schuld) ist schmerzlich.

Manche Menschen haben so viel Angst vor Schuld, daß sie ständig in Alarmbereitschaft sind. Könnte das der Grund für viele Zwangsvorstellungen und Phobien sein?

Die unbestimmte Angst

Wenn es keinen offensichtlichen Grund für die Angst gibt, nennen wir sie unbestimmt, denn sie läßt sich nicht festmachen.

Der betreffende Mensch könnte sagen: »Es gibt absolut nichts, wovor ich Angst haben müßte, und trotzdem lebe ich in ständiger Angst.« Sein Unterbewußtsein würde ihm wahrscheinlich überhaupt nicht zustimmen. Es versucht vielleicht vielmehr, ihn dazu zu bewegen, alte Ängste loszulassen, die er mit dem Verstand zu bewältigen versucht: »Ich bin finanziell gesichert, meine Frau liebt mich« usw. Diese Rationalisierung funktioniert aber nicht. Das Unterbewußtsein läßt sich nicht beschummeln – es kennt die wahren Ängste.

Geister

Robert behandelte seinen Schmerz etwa so: »Wenn man nicht daran denkt, vergeht er irgendwann.« Das mag ein Weilchen funktionieren, aber irgendwann werden die alten Gefühle unweigerlich zum Leben erweckt und fangen an zu nagen.

Ich spreche hier von »Geistern« – wenn scheinbar längst vergessene Gefühle vom Unterbewußtsein freigegeben werden. Genau das ist Robert passiert, auch wenn es in seinem Fall ganz besonders dramatisch war. Wenn Sie das nächste Mal mit mehr Wut oder Trauer auf eine Situation reagieren, als diese erfordert, spüren Sie diesen Gefühlen nach. Hat sich in Ihnen mehr Wut aufgestaut, als Sie zugeben wollen? Genügt ein trauriger Gedanke, um Sie in eine Depression zu stürzen, weil Sie ohnehin immer den Tränen nahe sind? Gibt es etwas in Ihrer Vergangenheit, das Sie nie wirklich bewältigt haben?

Roberts einzige Tochter entschloß sich, eine Arbeitsstelle in Frankreich anzunehmen. Seine Reaktion darauf war ihm vollkommen unverständlich. Er wurde ängstlich und depressiv und hatte das Gefühl, einen schmerzlichen Verlust zu erleiden. Dies ergab überhaupt keinen Sinn, denn er wußte, daß er sie mehrmals im Jahr sehen würde, und außerdem freute er sich doch mit ihr über diese Chance, ins Ausland zu gehen.

Nach mehreren Sitzungen machten sich die Gefühle, die er jahrelang unterdrückt hatte, endlich Luft.

Robert hatte eine größtenteils unglückliche Kindheit gehabt, seine Mutter hatte die Familie verlassen, als er dreizehn war. Weil er die Wutausbrüche seines Vaters schrecklich fürchtete, strengte er sich furchtbar an, um ihn nicht zu provozieren. Das bedeutete auch, daß er mehr Verantwortung für eine jüngere Schwester übernahm, als in seinem Alter normal gewesen wäre. Sein Vater erlebte ihn als empfindsamen, fürsorglichen Buben und sah nicht, daß sein Sohn auch voller Wut und Angst war.

Anfänglich war es Robert sehr peinlich, wegen einer in der Vergangenheit liegenden Sache zu weinen, aber er begriff dadurch, wie die alte Verlustangst seine gegenwärtigen Gefühle beeinflußte. Für seine Familie war es nicht einfach, mit ihm auszukommen, als sich seine Wut Luft verschaffte, aber alle hielten ihm die Stange. Er machte gute Fortschritte und sagte, er fühle sich um so vieles leichter, als wäre er von einer großen Last befreit. Er hatte sich von seinem »Geist« befreit.

9. Die Depression verstehen

Eine Depression ist etwas ganz anderes, als einfach unglücklich zu sein. Wenn wir unglücklich sind, sind wir traurig über das, was uns oder uns nahestehenden Menschen widerfahren ist, aber mit der Zeit verblaßt das Gefühl, und wir können uns, schweren Herzens, trösten lassen und normal weiterleben.

Wer depressiv ist, kann dies nicht. Der Betroffene ist unfähig, mit den schmerzlichen Gefühlen umzugehen, weshalb er sie abstellt und gefühlsmäßig abstirbt. Bedauerlicherweise sind die positiven Gefühle, die die negativen Gefühle aufwiegen könnten, ebenfalls abgestellt, so daß es auch unmöglich ist, ihn zu trösten.

Es ist traurig, daß so viele Menschen viele Jahre ihres Lebens nur halb leben, weil sie nicht wissen, daß sie an einer heilbaren Krankheit leiden. Wenn Ihr Finger taub würde und Sie ihn nicht mehr benutzen könnten, würden Sie doch schnurstracks zum Arzt gehen, weil Sie wissen wollen, woher die Taubheit kommt. Mit tauben Gefühlen hingegen leben wir. Eine Depression ist oftmals hinterhältig – sie schleicht sich an und betäubt die Gefühle Stück für Stück, bis der Mangel an Emotionen kaum noch wahrgenommen und die graue Welt als normal erlebt wird.

Eine junge Frau formulierte es so:

> Depressiv zu sein ist, als wäre man in einem Zimmer, das renoviert werden muß – aber weil man das nicht weiß, tut man auch nichts dergleichen. Man spürt nur das Unglück und die Verwirrung darüber, daß man in einem solchen Zimmer bleiben muß.

Als sie begriffen hatte, daß sie an Depressionen litt, war es für sie, als wäre sie endlich in der Lage, die Risse in der Wand zu sehen. Diese Einsicht war vielversprechend, und sie wußte jetzt, daß sie in einem heruntergekommenen Zimmer gewesen war, aber die Sache brachte auch Probleme mit sich: Wie sollte sie das Zimmer wohnlicher machen? Es kann mitunter noch schmerzlicher sein, wenn die Gefühle plötzlich erwachen und die Ängste sich unweigerlich bemerkbar machen – wie soll ich die Wände tapezieren, werde ich jemals die richtige Farbe finden?

Das Erwachen der Gefühle kann Angst verursachen, aber es kann ebenso aufregend sein, weil auch die positiven Gefühle sich regen. Dies ist der Beginn der Heilung.

Ein junger Mann beschrieb es folgendermaßen:

> Es war, als wäre ich operiert worden und danach jahrelang betäubt gewesen – als ich aus der Depression aufwachte, fing die Wunde an zu pochen, aber ich war wenigstens wach genug, um den anderen zu glauben, daß das Pochen nachlassen, schließlich verschwinden und ich irgendwann wieder ich selbst sein würde.

Ursachen der Depression

Depressionen werden durch alle möglichen Arten von Streß im Leben ausgelöst, vergangene und gegenwärtige (siehe Kapitel 6).

Alle und jeder kann an Depressionen leiden, auch wenn eine gewisse Veranlagung bei manchen Arten der Depression eine Rolle spielt.

Gebräuchliche Bezeichnungen für Depression

Es gibt verschiedene – zum Teil richtig, zum Teil falsch gebrauchte – Bezeichnungen für Depressionen: neurotische Depression, reaktive Depression, anaklitische Depression, Säuglingsdepression, endogene Depression, agitierte Depression, larvierte Depression u. a.

Weil ich in diesem Buch von leichten bis mittelschweren Angstzuständen und Depressionen spreche, kommen psychotische Depressionen hier nicht vor, da sie eine schwere Form der Depression darstellen, die unbedingt in fachärztliche Behandlung gehört.

Arten der Depression

Wir nehmen nun ein paar Arten der Depression etwas genauer in Augenschein: die exogene, die endogene, die gemischte, die agitierte, die »lächelnde«, die larvierte, die saisonal abhängige Depression und die manisch-depressive Erkrankung.

Exogene Depression

Bei der exogenen Depression, auch als reaktive oder neurotische Depression bezeichnet, reagiert ein Mensch auf Lebensumstände mit Depression. Wenn die Umstände traurig sind – Todesfall, Scheidung, Arbeitsplatzverlust usw. –, läßt sich die Stimmungsveränderung leicht nachvollziehen. Manchmal reagieren Menschen jedoch auch depressiv auf kleinere Veränderungen im Leben, die einem anderen Menschen nichts anhaben würden.

Für Depressionen gibt es viele Gründe. Sie können mit aufgestauten Gefühlen zusammenhängen, die nie richtig verarbeitet wurden. Möglicherweise mußte der Mensch einen Schicksalsschlag nach dem anderen erleiden und hatte dadurch keine Zeit, Dinge aufzuarbeiten. Genausogut könnte es sein, daß ein Mensch aus Gewohnheit mit Depression reagiert, weil ihm irgendwann beigebracht wurde, so zu reagieren. Genauso, wie man einem Kind beibringen kann, ängstlich zu sein, kann man ihm auch beibringen, depressiv zu sein.

Endogene Depression

Die endogene Depression wird nach Meinung einiger Fachleute durch Stoffwechselstörungen im Körper verursacht, deren Ursachen unbekannt sind. Trotzdem kann man davon ausgehen, daß nichts, was im Körper geschieht, ohne Grund geschieht. Möglicherweise gibt es keinen offensichtlichen

Grund dafür in der gegenwärtigen Lebensphase – »Warum ist er bloß so depressiv? Er liebt seine Frau und seine Familie, und er fährt einen Porsche!« –, aber sicher einen in der Vergangenheit.

Bevor Sie sagen: »Schon, aber das ist doch lange her, und sein Leben ist bisher problemlos verlaufen«, sollten Sie sich ins Gedächtnis rufen, daß vergangene schmerzhafte Gefühle nicht notwendigerweise verschwinden, nur weil sie nicht gezeigt wurden. Sie können sich dann bemerkbar machen, wenn man es am wenigsten erwartet, und einen zwingen, alte Rechnungen zu begleichen. Die unterdrückten Gefühle, die zu einem späteren Zeitpunkt zu Depressionen führen können, sind Zorn und Wut, Frustration, Trauer, Schuldbewußtsein und, natürlich der wahre Killer, das Gefühl, nicht liebenswert, sondern wertlos zu sein. Dabei muß man wissen, daß es nicht darauf ankommt, ob die Situation der Wahrheit entspricht, wichtig ist allein das subjektive Empfinden. So ist es beispielsweise möglich, daß ein unattraktiver Mann, der sein Leben lang Straßen kehrt, nie depressiv ist – er ist vielleicht sehr zufrieden mit sich, während ein anderer Mann, der aussieht wie Robert Redford und ein dickes Bankkonto hat, sehr depressiv sein kann. Ganz gleich, wie erfolgreich man in der Gegenwart ist oder wie viele einen für einen wunderbaren Menschen halten – wenn man einen ganzen Sack voller negativer Gefühle mit sich herumträgt, wird man immer depressiv bleiben. Werfen Sie deshalb diese Gefühle über Bord, lassen Sie sie zu – dann werden Sie gesund werden.

Gemischte Depression

Viele Menschen leiden an einer Mischung aus exogener und endogener Depression: unter schwierigen Lebensumständen und der durch neurotisches Verhalten verminderten Fähigkeit, damit umzugehen.

Agitierte Depression

In der Regel führt Depression zu Antriebsminderung, doch bei dieser Art von Depression kommt es zu Unruhe, Angst und Rastlosigkeit. Der betroffene Mensch kommt nicht einmal zu der Ruhe, die die Depression normalerweise mit sich bringt.

»Lächelnde« Depression

Manche Menschen tun alles, damit man ihnen ihre traurige Stimmung nicht anmerkt. Es sind dies die ewigen Spaßmacher, die Humor als Mittel benutzen, um ihren Schmerz zu verstecken und ihre Mitmenschen zu täuschen. Manche sprechen vom sogenannten Clown-Syndrom: lächelnder Mund und traurige Augen.

Larvierte Depression

Bei dieser Form, auch maskierte Depression genannt, sind die Symptome physischer Art: Rückenschmerzen, Kopfschmerzen, Verdauungsbeschwerden usw. Der betroffene Mensch ist sich der Ursachen seiner Beschwerden oft nicht bewußt und leugnet Depressionen.

Manisch-depressive Erkrankung

Selbsthilfe ist nur bei leichteren Fällen dieser Art von Depression sinnvoll, sie kann jedoch in Verbindung mit medikamentöser Behandlung sehr wirkungsvoll sein. Wer hier achtsam bleibt, kann Rückfälle vermeiden.

Manische Depression bedeutet extreme Stimmungsschwankungen. Manche Betroffenen empfinden ein Hoch als sehr positiv, andere wiederum als ebenso negativ wie ein Tief, weil sie wissen, daß sich ihre Persönlichkeit verändert. Auch die Mitmenschen solcher manisch Depressiver leiden darunter. Die Gedanken und Handlungen des manisch Depressiven sind so hochgepuscht, daß er schneller arbeiten, kreativ sein und in der Regel viel erreichen kann, aber genausogut kann er leichtsinnig Auto fahren, weitreichende Entscheidungen treffen oder mit Geld verschwenderisch umgehen. Er kann diese Einstellung auch Beziehungen gegenüber haben – weg mit dem Alten, her mit dem Neuen. Wenn Sie einen Freund haben, der sich so verhält, könnte es sein, daß er innerlich ausgebrannt ist und Hilfe braucht. Ihn davon zu überzeugen ist in der Regel keine leichte Aufgabe: Er denkt höchstwahrscheinlich, daß das Leben wunderbar ist. Aber wie lange? Das Nervensystem kann nicht mithalten – was sich zu solchen Höhen aufschwingt, muß zwangsläufig tief fallen. Der Zusammenbruch wird kommen.

SAD (Saisonal abhängige Depression), auch Winterdepression genannt

Die saisonal abhängige Depression ist eine jedes Jahr zur gleichen, meist lichtarmen Zeit wiederkehrende Depression und wird deshalb Winterdepression genannt. Sobald die Tage im Herbst kürzer werden, zeigen sich beim betroffenen Menschen Symptome, die sich verstärken, je kürzer die Tage werden.

Die Depression äußert sich anfänglich in einem gesteigerten Schlafbedürfnis und verminderter Konzentration und steigert sich zu Angst, Unruhe und mangelnder Libido. Weitere Symptome sind Gliederschmerzen und Heißhunger auf Süßes.

Mit einsetzendem Frühjahr verschwinden die Symptome allmählich, und ungefähr im Mai können die Betroffenen wieder normal leben. Bedauerlicherweise führt bei manchen die durch die Krankheit alljährlich hervorgerufene Zerrissenheit letztlich zu einer »normalen Depression«, weil sie irgendwann nicht mehr in der Lage sind, jedes Jahr im Frühling die Scherben wieder zusammenzufügen. Studien werden abgebrochen, Arbeitsplätze verlassen und Beziehungen aufgegeben.

Zum Glück läßt sich der Krankheit, hat man sie erst einmal erkannt, tatsächlich vorbeugen, wie neuere Studien belegen. Die Behandlungsmethode ist faszinierend: Sie besteht darin, daß der Erkrankte vermehrt dem Tageslicht ausgesetzt wird, in schweren Fällen muß er sich einer Lichttherapie unterziehen. Die Zirbeldrüse wird durch das Licht angeregt, sie produziert die notwendigen Hormone, und das Problem ist aus der Welt.

In leichteren Fällen genügt es vielleicht schon, wenn sich der betroffene Mensch zur hellsten Zeit des Tages 20 bis 30 Minuten lang im Freien aufhält oder in der Nähe eines Fensters arbeitet. Wenn die Symptome schwerwiegend sind, kann es notwendig sein, die Lichttherapie zu Hause durchzuführen, ansonsten unterzieht man sich der Behandlung mit Licht in Arztpraxen und Krankenhäusern.

Gefühle während einer Depression

Im Folgenden habe ich einige bezeichnende Aussagen Betroffener zusammengetragen:

- Mir ist alles und jeder egal; ich weiß, daß ich meine Familie liebe, aber ich fühle nichts.
- Ich bin erschöpft; meine Gedanken drehen sich nur langsam, und schon das Sprechen ist anstrengend. Es fällt mir schwer, die Kinder in der Früh für die Schule fertig zu machen, und wenn sie weg sind, setz' ich mich an den Küchentisch und starre an die Wand, bis sie wieder heimkommen.
- Ich komme mir so wertlos und schuldig vor.
- Die Zeit scheint stillzustehen.
- Über allem hängt ein grauer Nebel – ich möchte am liebsten im Bett bleiben und mir die Bettdecke über den Kopf ziehen.
- Ich bringe es nicht fertig, fernzuschauen, aus Angst, ich könnte etwas Trauriges sehen und dann unablässig weinen müssen.
- Es fällt mir schwer, mit anderen Menschen zusammenzusein, doch niemand weiß es – ich muß so tun, als wäre nichts. Es ist grausam.

- All die Dinge, die ich früher gern gemacht habe, überfordern mich jetzt – sogar das Kochen oder den Müll rauszubringen.
- Kleider und Make-up waren mir sehr wichtig; jetzt gibt es Tage, wo ich mich nicht einmal wasche und anziehe.
- Ich schaue die Menschen an und bin erstaunt über ihr Interesse an Dingen: am Lesen, Golfspielen, Tapezieren – ich frage mich, warum sie das alles tun. Mir scheint alles sinnlos.
- Ich bin meiner Familie bestimmt eine fürchterliche Last und frage mich, ob sie ohne mich nicht besser dran wäre.
- Wenn ich doch nur schlafen könnte; ich wache jeden Morgen zwischen vier und fünf Uhr auf.
- Wenn ich doch nur einschlafen könnte; manchmal kommt der Schlaf erst um drei Uhr, und morgens komm' ich dafür nicht hoch.
- Wenn ich doch nur weinen könnte; ich spüre die Tränen in mir, aber sie wollen nicht raus.
- Ich mache mir ständig Sorgen um die Zukunft; sie kommt mir so trostlos vor.
- War ich wirklich so böse? Ist das meine Strafe?
- Ich habe das Gefühl, daß eine Zentnerlast auf meinen Schultern liegt.
- Eine Last drückt mich nieder; ich muß ständig seufzen.
- Ich bin fest überzeugt, daß ich herzkrank bin oder Krebs habe; ich muß andauernd darüber reden.
- Ich tu' alles, damit ich nur ja keinen Sex haben muß.
- Im Laufe des Tages geht es mir besser, und dann bleibe ich lange auf, weil ich den nächsten Morgen fürchte.

- Irgendwie komm' ich durch den Tag, aber am Abend wird alles schlimmer.

Die Gefühle der anderen sollen Sie ermutigen. Sie sind nicht allein, Sie werden nicht verrückt, und Sie werden gesund werden. Andere werden auch gesund, warum also nicht Sie?

Es gibt immer einen Hoffnungsschimmer. Zu Beginn ist er vielleicht schwach, aber er wird immer stärker:

- Als ich Ben in seinem Bettchen betrachtete, spürte ich einen kurzen Augenblick lang meine Liebe zu ihm; ich war so erleichtert, denn jetzt weiß ich, daß meine Gefühle sich irgendwann wieder einstellen werden.
- Ich wachte auf und dachte: »Jetzt erst mal einen Kaffee, und dann hol' ich mir eine Zeitung.« Seit Monaten hatte ich nicht an eine Zeitung gedacht. Für gewöhnlich denke ich: »Wie soll ich den Tag bloß schaffen?« Es hat nicht angehalten, aber ich habe wieder Hoffnung geschöpft.
- Ich hatte immer eine negative Antwort parat, wenn mich jemand aufmuntern wollte, aber auf einmal hatte ich zum erstenmal keine.
- Ich habe mich gezwungen, zu Pollys Theateraufführung in der Schule zu gehen, und war überrascht, wie gut es mir dort ging.
- Weil meine Frau wütend war, verzog ich mich in die Garage. Als ich wieder ins Haus ging, waren – ich konnte es kaum glauben – zwei Stunden vergangen. Ich hatte die Werkzeuge aufgeräumt und ein paar Blumenzwiebeln

gepflanzt. Es war das erste Mal seit Wochen, daß ich mich, außer um zur Arbeit zu gehen, von meinem Sessel bewegt hatte.

- Es war das erste Mal seit Jahren, daß ich innerlich nicht zusammengezuckt bin, als Nick von Urlaub sprach.
- Das Essen schmeckt mir wieder, und vor ein paar Tagen habe ich tatsächlich eine Zeitschrift gekauft.
- Ich streite nicht mehr so viel mit Mary. Ich bin schokkiert darüber, wie selbstsüchtig ich bin; ich habe nur noch an mich gedacht und keinen Gedanken an sie verschwendet.
- Es hat lange gedauert, bis ich zugeben konnte, daß es Depressionen waren, aber von diesem Moment an ist es besser geworden.
- Es kommt mir vor, als wäre ein Vorhang aufgegangen. Es gibt immer mehr gute Tage. Wenn ich allerdings ab und zu einen schlechten Tag habe, kann ich mich an die guten kaum noch erinnern.
- Es war nichts Tolles, aber ich weiß es noch ganz genau. Plötzlich war mir klar, daß das Gras farbig ist. Es war wunderbar grün, und ich hab es gesehen. Mir war, als würde ich aus dem Gefängnis entlassen.

10. Was ist ein Nervenzusammenbruch?

Bei einem Nervenzusammenbruch hat die betroffene Person soviel Angst und so starke Depressionen, daß ein normales Leben nicht mehr möglich ist.

Psychiater diskutieren viel über den Unterschied zwischen Angst und Depression. Für den Hausarzt ist es in einem kurzen Patientengespräch sicher schwierig, eine solche Unterscheidung vorzunehmen. Manchmal überwiegt ganz klar das eine, aber der Patient, der erschöpft in die Praxis kommt, leidet in der Regel an beidem. Es kommt jedoch auch vor, daß die Depression beginnt, wenn die Angst nachläßt, und umgekehrt.

Der gebräuchliche und gefürchtete Ausdruck »Nervenzusammenbruch« wird fälschlicherweise oft mit dem Bild eines Menschen in Verbindung gebracht, der in einer Zwangsjacke ins Irrenhaus eingeliefert wird. Claire Weekes spricht in ihren Büchern wohlweislich von »überempfindlichen Nerven« anstatt von Nervenzusammenbruch. Bevor wir andere Bezeichnungen verwenden, sollte meiner Meinung nach dieses Schreckgespenst ein für allemal zu Grabe getragen werden, es ist nur ein Wort. Wenn jemand erfährt, daß er einen Nervenzusammenbruch hat, ist er verständlicherweise in Sorge. Sagt der Arzt aber, daß die Nerven erschöpft oder überstrapaziert sind, gerät der Patient nicht gleich in Panik. Wir alle haben andauernd Nervenzusammenbrüche – es ist lediglich eine Frage des Ausmaßes. Wenn unsere Nerven wiederholte Streßsituationen nicht bewältigen können, kommt es zu »Wutanfällen« oder »Nervenkrisen«. Diese könnte man als winzige Nervenzusammenbrüche bezeichnen. Wenn die Nerven dem Streß nicht standhalten, brechen sie zusammen! Ein schwerer Nervenzusammenbruch ist eine heftige Reaktion auf ein großes Maß an Streß (Schmerz).

Erholen sich Menschen von Nervenzusammenbrüchen?

Natürlich – zu Schaden gekommene Nerven können wieder geheilt werden. Vor einigen Jahren wurden in einer Kampagne Plakate veröffentlicht, auf denen ein junges Mädchen zu sehen war, das sagte: »Ich habe meinen Nervenzusammenbruch vergessen, aber meine Freunde nicht.« Was damit zum Ausdruck gebracht wurde, ist die traurige Einstellung unserer Gesellschaft gegenüber psychischen Problemen. Eine Gallenoperation oder eine gebrochene Hüfte sind leicht zu vergessen, aber ein Nervenzusammenbruch ist etwas ganz anderes. Die Erinnerung an das veränderte Verhalten – Stimmungsschwankungen, Reizbarkeit, Mißtrauen und Argwohn – und Zweifel, ob dies nun der wahre Mensch ist, bleiben, und man fragt sich: »Wird es wieder passieren?« Glücklicherweise ist jemand, der von einem Nervenzusammenbruch genesen ist, oftmals stabiler als die, die ihrem seelischen Zustand keine Beachtung schenken.

Ein Nervenzusammenbruch kann wie eine mächtige Quelle wirken, die das Unterbewußte reinigt – die Schleusen sind offen, der Mensch hat seinen Panzer verloren und ist zu schwach, um seinen Schmerz weiterhin zu verstecken. Die Energie, die zur Unterdrückung von Gefühlen notwendig war, ist frei geworden und läßt den Menschen müde zurück, befördert ihn aber gleichzeitig in einen Zustand, in dem er heilen kann.

Behandlungsmethoden bei Nervenzusammenbrüchen

Der Mensch hat schon immer nach Mitteln gesucht, um seine Angst im Zaum zu halten. Er hat viele gefunden, die seine Symptome zeitweilig unterdrücken – aber zu welchem Preis? Die körperliche Gesundheit verschlechtert sich (man kann nicht täglich Gift zu sich nehmen und gesund bleiben), und eine Persönlichkeitsveränderung ist unvermeidlich, sie resultiert aus der Langzeiteinnahme von Beruhigungs- oder Aufputschmitteln. Dazu kommt das Problem der Abhängigkeit.

Im Augenblick versuchen Selbsthilfegruppen auf der ganzen Welt, die Schäden wiedergutzumachen, die in den letzten 20 Jahren durch die Einnahme von Tranquilizern und Schlaftabletten angerichtet worden sind (siehe dazu Kapitel 11).

Der Besuch beim Arzt

Viele Patienten vertrauen sich ihrem Arzt nur zum Teil an. Es ist ihnen peinlich, die lange Litanei von scheinbar unzusammenhängenden Problemen herunterzubeten, und scheuen sich zudem davor, Fragen zu stellen.

Ein idealer Arztbesuch

Der kranke Mensch muß verstehen, was ihn krank macht; ein idealer Arzt würde daher etwa so informieren:

> Die Ergebnisse der Untersuchungen sind negativ, Sie brauchen keine Medikamente und auch keine Operation, aber Sie brauchen doch Hilfe. Weil Sie unter starkem Streß stehen, produziert Ihr Körper zuviel Adrenalin, daher kommen diese seltsamen Gefühle. Sie werden lernen müssen, kürzerzutreten. Sie könnten zu der Selbsthilfegruppe kommen, die sich jeden Dienstag um 19.30 Uhr hier trifft.
>
> Falls Sie nicht abschalten können, kann ich Ihnen für längstens zwei Wochen Beruhigungstabletten verschreiben, aber besser wäre, ohne sie auszukommen. Diese Beruhigungstabletten können abhängig machen und zu Depressionen führen. Außerdem können Sie Ihre Probleme nicht angehen, wenn Sie sie mit Beruhigungsmitteln unterdrücken. Es ist, wie wenn man einen gebrochenen Arm schient: hilfreich für kurze Zeit, aber der Arm kann erst dann wieder zu Kräften kommen, wenn die Schiene entfernt ist.
>
> Ich werde dem Gruppenleiter sagen, daß Sie zur Selbst-

hilfe kommen, und natürlich können Sie jederzeit wieder in die Sprechstunde kommen, wenn Sie das Gefühl haben, daß ich Ihnen helfen kann – wollen wir es so halten?

Wenn dieser Patient den Arzt verläßt, hat er das Gefühl, daß seine Beschwerden ernst genommen wurden, und er hat eine Erklärung, und sei sie auch noch so dürftig, für die Ursache seiner Symptome. Er weiß, daß er auch in Zukunft auf Hilfe hoffen kann.

Leider leben wir nicht in einer idealen Welt, und nur wenige Ärzte arbeiten direkt mit einem Therapeuten zusammen. Zum Glück gibt es Mediziner, die nicht mehr nur den Rezeptblock zücken, sondern die Bedeutung von Aufklärung und Unterstützung kennen. Viele nehmen sich mehr Zeit und versorgen ihre Patienten mit Broschüren über Angst und Depression.

Ein unbefriedigender Arztbesuch

Was der Arzt als optimistische, fürsorgliche Unterredung ansieht – »Die Ergebnisse der Untersuchungen sind negativ, Sie brauchen keine Medikamente und keine Operation, es sind bloß die Nerven« –, wird vom Patienten ganz anders empfunden. Er fühlt sich im Stich gelassen und ist verwirrt. Die Symptome sind immer noch da, und er weiß nicht, wie er sie loswerden kann. Er hätte sich eine Untersuchung gewünscht, die die Ursache seines Unbehagens zutage fördert. Er muß wissen, daß es tatsächlich einen Grund dafür gibt, auch wenn es nicht die gewünschte Schilddrüsenunterfunktion, die Blutarmut oder der Leistenbruch ist, Dinge, die sich mit einer magischen Pille oder einer Operation beheben lassen.

Der Patient verläßt den Arzt und weiß, daß er eigentlich froh sein sollte, aber es fällt ihm schwer zu glauben, daß die Nerven Ursache so vieler Symptome sein sollen. Ist alles seine Schuld? Wenn es keinen richtigen Grund für seine Symptome und auch keine Behandlung gibt, bildet er sich vielleicht nur ein, daß es ihm so schlecht geht. Möglicherweise ist er sich der Vorurteile seiner Umwelt auf Menschen mit »Nervenproblemen« bereits bewußt und konstruiert deshalb lieber eine Geschichte, als sich der Demütigung auszusetzen und seiner Familie reinen Wein einzuschenken.

Auch der Arzt hat Nerven

Obwohl es keine Entschuldigung dafür gibt, wenn sich ein Arzt gegenüber den Beschwerden seiner Patienten gleichgültig verhält, tödliche pharmakologische Cocktails verabreicht oder plötzlich kein Rezept für Beruhigungsmittel mehr ausschreibt, sollte man sich hin und wieder klarmachen, welchem Streß ein Arzt ausgesetzt ist. So kann man seine eigene Wut auf ihn zurücknehmen. Wie oft haben Sie einen anderen schon angeschrien: »Ich kann doch nicht alles allein machen!«? Doch von einem Arzt erwarten wir genau das, daß er alles macht, von einer ambulanten kleinen Operation bis hin zur Diagnose jeder bekannten Krankheit. Er muß außerdem mit einigen sehr schwierigen Situationen fertig werden, er muß sich beispielsweise auf einen aggressiven Patienten einstellen oder auf den Zorn trauernder Hinterbliebener. Auch er ist bloß ein Mensch mit menschlichen

Fähigkeiten und Eigenschaften. Auch er könnte ängstlich und depressiv sein. In einem Bericht, den ich vor ein paar Jahren gelesen habe, stand, daß ein Arzt um so bereitwilliger Tranquilizer verschreibt, je mehr er selbst unter Angst leidet.

Ärzte sind nicht immer in der Lage, die emotionalen Bedürfnisse ihrer Patienten zu ergründen. Das liegt zum Teil daran, daß sie dies während ihrer Ausbildung nicht gelernt haben, vielleicht ist es ihnen aber auch peinlich, oder sie haben Angst. Ärzte sind keine Roboter, die nur gelernt haben, Krankheiten zu diagnostizieren und Zysten herauszuschneiden. Der Umgang mit den Gefühlen anderer ist vielleicht, als würden sie Salz in die eigenen Wunden streuen. Ein weißer Kittel macht sie nicht immun. Stellen Sie sich vor, wie sich ein Arzt fühlen muß, wenn er drei Hinterbliebene als Patienten hat und seine eigene Frau todkrank ist – wer hilft ihm? Es ist schade, daß die Angst davor, unprofessionell zu wirken, den Arzt daran hindert, Gefühle auszutauschen. In unseren Schmerzen sind wir alle gleich, und es gibt keinen Menschen, der keine Schmerzen kennt.

Warum wird seelische Krankheit so oft mißverstanden?

Da es sich um eine Krankheit handelt, bei der äußerlich nichts Spektakuläres zu erkennen ist, wird der Erkrankte oft als Hypochonder und Simulant betrachtet. Es ist einfach, einen Menschen mit Lungenentzündung und Fieber zu verstehen und nachzuvollziehen, daß jemand mit einem gebrochenen Arm Schmerzen hat. Viel schwerer ist es dagegen zu begreifen, daß psychisch Kranke ebenfalls schwerwiegende Symptome haben. Ist ein Mensch körperlich krank oder verletzt, wird die daraus resultierende Reizbarkeit und Depression als Teil der Krankheit angesehen und mit Sorge betrachtet. Menschen mit psychischen Problemen erfahren dagegen nicht immer Mitgefühl, und wenn, dann meist erst, wenn sie ernsthaft krank sind und in ein Krankenhaus eingeliefert werden müssen.

Wie wissen wir, wann unsere Nerven Schaden nehmen?

Die frühen Warnzeichen, die unser Nervensystem aussendet, sind nicht immer eindeutig und werden deshalb oft nicht beachtet. Zu ihnen gehören: Energieverlust, Reizbarkeit, Veränderung der Eß- und Schlafgewohnheiten sowie allgemeine Interesselosigkeit. Wenn man nicht kürzertritt, bricht das Nervensystem zusammen und öffnet die Tür für das Chaos – und deswegen auch die Symptome.

Ein Mensch, der nach einem Nervenzusammenbruch behauptet, die Woche zuvor noch vollkommen in Ordnung gewesen zu sein, hat die Anzeichen seines Körpers einfach übergangen. Dafür zwingen ihn seine Nerven jetzt um so nachhaltiger, innezuhalten und hinzuschauen. Wie nützlich wäre es, wenn wir von Kindesbeinen an jedesmal, wenn unsere Nerven bis an den Rand ihrer Belastbarkeit beansprucht werden, schwarze Flecken am ganzen Körper bekämen. Wir wären uns dessen, was wir tun, bewußt, und könnten uns zurücknehmen, bis die schwarzen Flecken wieder verschwunden sind.

11. Medikamentöse und nichtmedikamentöse Behandlung von Angst und Depression

Medikamentöse Behandlung von Angst

Als Tranquilizer und Schlaftabletten – Valium (Diazepam), Librium (Chlordiazepoxid), Tavor (Lorazepam), Mogadan (Nitrazepam) – vor mehr als 20 Jahren zum erstenmal verschrieben wurden, galten sie als Wunderdrogen, als Allheilmittel. Ganz gleich, woran man krankte, man nahm ein Valium, und schon war alles gut. Es wurde behauptet, diese Medikamente machten nicht abhängig und die Nebenwirkungen seien minimal. Heute weiß man, daß genau das Gegenteil der Fall ist und daß Millionen von Menschen an den Spätfolgen dieser über einen langen Zeitraum eingenommenen Medikamente leiden.

Tranquilizer – kein Grund zur Panik

Wenn Sie eines der nachstehenden Medikamente einnehmen, sollten Sie folgendes wissen und beachten:

- Sie sind vielleicht nicht abhängig davon.
- Wenn Sie doch abhängig sind, können Sie durch eine gezielte Entziehungskur wieder völlig gesund werden.
- Sie sind abhängig, wenn Sie das Gefühl haben, daß das

Medikament nicht mehr so gut wirkt wie zu Anfang, Sie die Dosis erhöhen müssen, um die gleiche Wirkung zu erzielen, und wenn es Ihnen schlechtergeht, sobald Sie das Medikament nicht mehr einnehmen.
- Konsultieren Sie Ihren Arzt, und lesen Sie Fachliteratur – Sie finden darin alle möglichen Hilfen zur Entwöhnung von Medikamenten.

Heutzutage wissen Ärzte sehr viel mehr über Entziehung als in der Vergangenheit, aber für den Fall, daß Ihr Arzt zusätzliche Informationen braucht, habe ich die nachfolgenden Richtlinien[2] aufgenommen.

Richtlinien

Benzodiazepine, Abhängigkeit und Entzugssymptome

Die mögliche Abhängigkeit von Benzodiazepinen (Tranquilizern) wird seit langem diskutiert und in zunehmendem Maße als besorgniserregend betrachtet.

Zu den Entzugssymptomen gehören Angst, Zittern, Verwirrung, Schlaflosigkeit, Wahrnehmungsstörungen, Depression, Magen-Darm-Beschwerden und andere somatische Symptome. Mitunter ist es schwierig, diese Symptome von den Symptomen der zugrunde liegenden Krankheit zu unterscheiden. Wichtig zu wissen ist, daß Abhängigkeit und deshalb auch Entzugserscheinungen bereits nach kurzer Einnahmezeit auftreten können.

[2] Gemäß einer Veröffentlichung des Committee on Safety of Medicines.

Entzugserscheinungen treten in der Regel kurz nach dem Absetzen von Benzodiazepinen mit kurzer Halbwertzeit auf. Die Symptome können wochen-, ja monatelang auftreten. Es gibt keinen Beweis dafür, daß ein Benzodiazepin schädlicher ist und abhängiger macht als ein anderes. Die Einnahme von Benzodiazepinen ist nur unter folgenden Voraussetzungen empfehlenswert:

Indikation

Zur Behandlung von Angstzuständen

1. Benzodiazepine sollen nur kurzfristig (zwei bis vier Wochen) und nur bei schweren Angstzuständen eingenommen werden, wenn der Patient durch seine Angst extrem behindert wird und die Angst in Verbindung mit Schlafstörungen und kurzzeitigen psychosomatischen und psychotischen Erkrankungen einhergeht.
2. Bei kurzzeitigen »leichten« Angstzuständen sind Benzodiazepine nicht angebracht und ungeeignet.

Zur Behandlung von Schlafstörungen

3. Benzodiazepine sollten nur bei schweren Schlafstörungen eingenommen werden und wenn diese zu extremen Beeinträchtigungen des Patienten führen.

Dosierung

1. Es sollte grundsätzlich die niedrigste wirksame Dosis gewählt werden, und die Einnahme sollte nicht länger als vier Wochen dauern.

2. Von einer Einnahme über einen längeren Zeitraum wird abgeraten.
3. Die Einnahme sollte nicht abrupt abgebrochen, sondern die Dosis sollte allmählich verringert werden.
4. Wurde Benzodiazepin über einen längeren Zeitraum eingenommen, muß bis zum völligen Absetzen mit einer längeren Entwöhnungsphase gerechnet werden.
5. Wird Benzodiazepin bei Schlafstörungen eingenommen, sollten wenn möglich immer wieder Einnahmepausen gemacht werden.

Vorsichtsmaßnahmen

1. Benzodiazepine sollten nicht als einziges Medikament zur Behandlung von Depression oder Angst in Verbindung mit Depression eingenommen werden. Es besteht Selbstmordgefahr.
2. Nicht eingenommen werden sollten Benzodiazepine bei phobischen und zwanghaften Zuständen.
3. Nicht eingenommen werden sollten sie zur Behandlung von chronischen Psychosen.
4. Benzodiazepine können die Trauerbewältigung erschweren.
5. Die Einnahme von Benzodiazepinen hat eine enthemmende Wirkung. Aus diesem Grund kann es bei depressiven Patienten häufiger zu Selbstmordversuchen kommen, ebenso zu aggressivem Verhalten gegenüber anderen und sich selbst. Äußerste Vorsicht ist deshalb geboten bei Patienten mit Persönlichkeitsstörungen.

Medikamentöse Behandlung von Depressionen

Wenn Sie schwer depressiv sind, müssen Sie einen Arzt aufsuchen. Er wird Ihnen höchstwahrscheinlich Antidepressiva verschreiben; bei manchen Menschen erweisen diese sich als äußerst wirksam, und die Lebensqualität erhöht sich. Unvorsichtig wäre es allerdings, diese Medikamente bei leichten oder mittelschweren Depressionen einzunehmen. Die meisten Menschen, die irgendwann unter Depressionen leiden, schaffen es nämlich von ganz alleine, ohne Behandlung, die Depressionen zu überwinden, zudem haben diese Medikamente wie alle Medikamente Nebenwirkungen. Dazu gehören Gewichtszunahme, Kopfschmerzen, Verwirrung, Panik, trockener Mund und Verstopfung.

Bis vor ein paar Jahren wurden Depressionen vorwiegend mit trizyklischen Antidepressiva und einer Gruppe der sogenannten Monoaminooxidase-Hemmer behandelt. Heute wird eher mit selektiven Serotonin-Wiederaufnahme-Hemmern behandelt – wobei jedoch auch diese Medikamentengruppe nicht immer zu der gewünschten Besserung führt. Bei manischen Zuständen werden oftmals Lithium und Phenothiazine verschrieben.

Wie Antidepressiva wirken

- In unserm Gehirn gibt es chemische Botenstoffe, sogenannte Neurotransmitter; das Vorhandensein bzw. Fehlen dieser Neurotransmitter bestimmt unsere Stimmung.
- Während einer depressiven Phase werden weniger Neurotransmitter produziert.

- Antidepressiva sind darauf ausgerichtet, die Zahl der Neurotransmitter in unserem Gehirn zu erhöhen.
- Einige Antidepressiva wirken hauptsächlich dämpfend und werden in der Regel Patienten verschrieben, die sowohl unter Angst als auch unter Depressionen leiden. Andere wirken nicht dämpfend und werden deshalb antriebsarmen Patienten verschrieben.

Trizyklische Antidepressiva

- Amitriptylin (Saroten, Novoprotect, Tryptizol)
- Clomipramin (Anafranil)
- Desipramin (Pertofran)
- Dosulepin (Idom)
- Doxepin (Aponal, Sinquan)
- Imipramin (Tofranil)
- Lofepramin (Gamonil 70)
- Nortryptylin (Nortrilen)
- Trimipramin (Stangyl)

Andere verwandte Medikamente

- Maprotilin (Ludiomil)
- Mianserin (Tolvin)
- Trazodon (Thombran)
- Viloxazin (Vivalan)

Monoaminooxidase-Hemmer

Monoaminooxidase-Hemmer bewirken einen Anstieg des Neurotransmitter-Levels und führen damit zu einer Stimulation des Gehirns. Diese Medikamente erzielen die gewünschte Wirkung, indem sie ein ganz bestimmtes Enzym im Gehirn unterdrücken. Deswegen dürfen während einer solchen Therapie bestimmte Lebensmittel und andere Medikamente nicht eingenommen werden, da beides zusammen das Risiko des Bluthochdrucks fördern würde. Sollten Sie während der Einnahme von Monoaminooxidase-Hemmern Kopfschmerzen oder Übelkeit verspüren, suchen Sie unverzüglich Ihren Arzt auf. Patienten einer solchen Therapie bekommen in der Regel eine Liste mit verbotenen Lebensmitteln und Medikamenten an die Hand. Zu den Lebensmitteln, die nicht gegessen werden dürfen, gehören in erster Linie Käse, Hefe und Fleischextrakt sowie breite Bohnen.

Nach dem Absetzen von Monoaminooxidase-Hemmern dauert es mindestens zwei Wochen, bis der Körper sie vollständig ausgeschieden hat. Deshalb ist es ratsam, auch in dieser Zeit auf die genannten Lebensmittel und Medikamente zu verzichten. Sprechen Sie offen mit Ihrem Arzt, sollte er Ihnen während dieser Zeit andere Medikamente verschreiben wollen.

Die selektiven Serotonin-Wiederaufnahme-Hemmer

Diese Medikamente gehören zu den neuesten Antidepressiva und sind sehr beliebt, weil sie nicht zu den üblichen Nebenwirkungen wie trockenem Mund, Gewichtszunahme und Antriebslosigkeit führen. Trotzdem sind auch sie nicht frei von Nebenwirkungen, darunter Übelkeit, Erbrechen, Unruhe und sogar Selbstmordgedanken.

- Citalopram (Sepram, Cipramil)
- Fluoxetin (Fluctin)
- Fluvoxamin (Fevarin)
- Paroxetin (Seroxat)
- Sertralin (Gladem)

Besonders erwähnen möchte ich an dieser Stelle Fluctin, weil es das bekannteste aus dieser Gruppe der Antidepressiva ist. Fluctin steht schon seit langem im Kreuzfeuer der Kritik, da die einen es für die Wunderdroge schlechthin halten, die anderen es aber verteufeln, weil es (vor allem in den USA) zu zahlreichen Selbstmordfällen geführt hat.

Mir scheint, daß es sowohl das eine wie auch das andere sein kann: ein Wundermittel und ein Alptraum. Die Geschichten von zwei Frauen, 49 bzw. 38 Jahre alt, verdeutlichen dies.

> 15 Jahre lang habe ich unter den schrecklichsten Depressionen gelitten. Kein Tag verging, an dem ich nicht mit dem Gedanken gespielt hätte, mir das Leben zu nehmen. Ich habe viele verschiedene Antidepressiva ausprobiert, aber sie haben nicht viel bewirkt. Erst als ich etwa zehn Tage lang Fluctin genommen hatte, fiel mir auf einmal die Arbeit leichter, und ich hatte mehr Energie. Ich wagte nicht zu hoffen, daß der Zustand anhalten würde, doch er hielt an – und eigentlich geht es mir immer besser und besser.
>
> Meine Freunde meinen, ich sei permanent »high«. Ich bin mir dessen bewußt, und ich weiß auch, daß ich viel

rede, aber das ist mir egal. Ich bin glücklich, denn endlich machen mir die Arbeit und das Reisen wieder Spaß. Ich werde Fluctin auch weiterhin nehmen.

Ich hatte in meinem Leben immer wieder unter Depressionen gelitten, aber irgendwie kam ich jedesmal wieder raus. Letztes Jahr war ich wieder auf einem Tiefpunkt, und da hat mir mein Arzt Fluctin verschrieben. Schon am ersten Tag klappte es nicht mehr mit der Verdauung, aber ich hab' gedacht, das sei normal. Am nächsten Tag war ich furchtbar unruhig (viel unruhiger, als ich es jemals vorher gewesen war), und am fünften Tag war ich in einem absolut gräßlichen Zustand. Ich konnte nicht mehr essen und nicht mehr schlafen und wollte mir das Leben nehmen. Meine Familie machte sich furchtbare Sorgen und rief den Arzt an. Er meinte, das Medikament brauche zwei Wochen, bis es eine Wirkung zeige, und drängte mich, es weiter einzunehmen. Er schien meine Selbstmordgedanken überhaupt nicht mit dem Fluctin in Verbindung zu bringen, sondern meinte nur, solche Gedanken seien ein häufiges Symptom einer Depression. Ich versicherte ihm, daß ich noch nie an Selbstmord gedacht hatte und daß ich mich mit Depressionen auskannte. Am zehnten Tag war mir klar, daß die Nebenwirkungen schlimmer waren als das ursprüngliche Leiden. Ich setzte das Fluctin ab. Was für eine Erleichterung; mir war zwar schrecklich weinerlich zumute, aber diese entsetzliche Unruhe, die Übelkeit und die Selbstmordgedanken verschwanden so schnell, wie sie gekommen waren. Als ich dem Arzt davon erzählte, meinte er nur: »Wenn Sie die verschriebenen Medikamente nicht nehmen, kann es Ihnen auch nicht bessergehen.« Ich war verletzt und frustriert, weil er mir nicht glaubte, daß das Fluctin meinen Zustand nur verschlechtert hatte. Ich hatte wirklich Angst. Kein Wunder, daß so viele Menschen nicht mehr zum Arzt gehen.

Entzug von Antidepressiva

Es hat lange gedauert, bis die medizinische Fachwelt zugegeben hat, daß das Absetzen von Antidepressiva und Schlaftabletten zu dramatischen und mitunter langwierigen Entzugserscheinungen führen kann, selbst wenn die Medikamente nur in kleinen Dosen eingenommen wurden. Trotz vorhandenen (wenn auch unzureichenden) Informationen und Fallbeispielen in pharmakologischen Handbüchern und medizinischen Fachzeitschriften, die Symptome beim Entzug von Antidepressiva beschreiben, werden auftretende Probleme oftmals übersehen. Dabei ist jedes Medikament, das sediert oder stimuliert, ein potentieller Suchtmacher.

Ein 30jähriger Mann erzählt:

Ich habe zweimal Fluctin genommen – jedesmal ungefähr sechs Monate lang. Beim ersten Mal hat es meine Lebensgeister wieder geweckt, ich konnte mir eine Arbeit suchen und überhaupt dem Leben mehr Interesse abgewinnen. Und weil es mir gutging, habe ich Fluctin abgesetzt. Heute weiß ich, daß es töricht war, aber ich habe ganz abrupt aufgehört. Nach ein paar Tagen ging's mir ziemlich schlecht; alles tat mir weh, ich war down und verwirrt. Mein Arzt meinte, die Symptome deuteten auf eine Erkältung hin und hätten nichts mit dem Absetzen des Fluctin zu tun. Ich habe vier Wochen gebraucht, bis ich aus dem Loch wieder raus war, und neun Monate ging es mir relativ gut, aber dann fiel ich wieder in eine Depression. Damals hat meine Frau mir geraten, doch wieder Fluctin zu nehmen. Der Arzt war erfreut über diesen Vorschlag, und alles verlief genauso wie beim ersten Mal: In kürzester Zeit kam ich wieder hoch, und nach sechs Monaten hatte ich das Gefühl, daß ich es alleine schaffen konnte. Ich setzte das Fluctin ab, während wir im Urlaub waren, und machte genau dieselbe Erfahrung wie beim ersten Mal, nur mit dem Unterschied, daß ich nun definitiv wußte, daß ich an Entzugserscheinungen litt. Wieder tat mir alles weh, und wieder war ich ganz verzweifelt. Ich hatte keine Lust, mich mit meinem Arzt zu streiten, deshalb machte ich mit der vollen Dosis weiter, bis die Symptome kurz darauf verschwanden; dann hab' ich ganz langsam immer weniger genommen.

Was man bei der Einnahme von Antidepressiva beachten sollte

1. Seien Sie geduldig; das Medikament kann nicht über Nacht wirken.
2. Achten Sie darauf, wie lange Sie das Medikament einnehmen. Suchen Sie Ihren Arzt auf, wenn Sie einen Ausschlag bekommen, starke Nebenwirkungen spüren, das

Medikament bereits seit längerem einnehmen oder sich »high« fühlen.

3. Wenn Sie das Medikament absetzen, sollten Sie dies nicht abrupt tun. Immer wenn Antidepressiva abgesetzt werden, kommt es zunächst zu Entzugserscheinungen. Diese sind den Entzugserscheinungen ähnlich, die beim Absetzen von Tranquilizern auftreten, sie werden jedoch mit der Zeit geringer und weniger. Bleiben Sie stark, und widerstehen Sie der Versuchung, das Medikament erneut einzunehmen.
4. Erwarten Sie nicht, daß Antidepressiva Ihre emotionalen Probleme lösen – das müssen Sie selbst tun.
5. Glauben Sie nicht, daß Sie nur eine Pille zu schlucken brauchen und schon ändert sich alles im Leben – so funktioniert es nicht.
6. Auf keinen Fall sollten Sie Medikamente kombinieren. Wenn Sie von einem Medikament zu einem anderen wechseln, sollten Sie Ihren Arzt bitten, eine Pause zwischen dem einen und dem anderen einzulegen. Das gilt nicht für alle Medikamente, aber für eine große Anzahl (vor allem die der Gruppe Monoaminooxidase-Hemmer) und für »verbotene« Lebensmittel.

Lichttherapie

Lichttherapie kann in vielen Fällen hilfreich sein. Während Patienten früher dazu in die Klinik gehen mußten, gibt es heute tragbare Geräte für den Gebrauch zu Hause. Die tägliche Behandlung hilft nicht nur bei der Winterdepression (siehe Kapitel 9), sondern erhöht das allgemeine Wohlbefinden und stärkt das Immunsystem.

12. Körperliche Ursachen von Angst und Depression

Körperliche Ursachen von Nervenkrankheiten

Nervenkrankheiten können verschiedene körperliche Ursachen haben wie hormonelle Störungen (während der Pubertät, bei prämenstruellen Beschwerden, während der Wechseljahre, Schwangerschaft und Geburt oder nach einer Totaloperation), bestimmte Drüsenunter- und -überfunktionen wie z. B. der Schilddrüse, Blutarmut, Entzündungen, chronische körperliche Schmerzen.

Auch hier stellt sich die Frage, wer zuerst da war, die Henne oder das Ei; erschöpfte Nerven führen zu körperlichen Störungen, die ihrerseits wiederum zu Angst und Depressionen führen.

Niemand bestreitet mehr, daß sich Körper und Seele gegenseitig beeinflussen, aber wenn jemand unter Angst und Depressionen leidet, sucht man häufig nach seelischen Ursachen und vergißt darüber die körperlichen. Selbst wenn der Zustand durch Streß hervorgerufen wurde, gibt es viele Fälle, in denen psychologische Hilfe allein nicht genügt und sich der Zustand des Betroffenen nicht verbessern wird, wenn die körperlichen Ursachen nicht ebenfalls behandelt werden.

Allergien: Beschwerden, die oft mit »Nerven« verwechselt werden

Das Wort »Allergie« gibt es seit Beginn des letzten Jahrhunderts. Es bezeichnet eine veränderte Reaktion des Körpergewebes auf eine Substanz, die in der Regel nicht giftig ist. Man spricht dann von einer allergischen Reaktion. Zu einem Kontakt kann es über Nahrungsmittel, durch Berührung oder Einatmen kommen.

Niemand wundert sich heutzutage über bekannte allergische Reaktionen wie Heuschnupfen, Asthma und heftige Reaktionen auf bestimmte Lebensmittel. Sehr viel schwieriger zu verstehen sind chronische Allergien oder Unverträglichkeiten gegenüber Lebensmitteln und Chemikalien, die zahlreiche Symptome auslösen, darunter auch Angst und Depression. Es ist wichtig, zu erkennen, daß diese Symptome durch Allergene verursacht werden und nicht durch Neurosen. Alle psychologischen Hilfen dieses Buches nützen nichts, wenn die Ursache der Stimmungsveränderung auf eine Allergie beispielsweise gegenüber Weizen zurückzuführen ist.

Hefepilzinfektionen (Chronische Candida-Mykosen)

Man weiß heute, daß viele Medikamente (Antibiotika, Steroide, Antibabypille sowie Tranquilizer und Schlaftabletten) das Immunsystem schwächen, so daß sich im Körper normalerweise vorkommende Organismen rapide vermehren. Dazu gehört auch der Pilz Candida albicans. Er verdrängt die guten Bakterien im Darm und bringt das komplette Verdauungssystem durcheinander. Er produziert zahlreiche chemische Stoffe, darunter auch weibliche Hormone. Dies ist höchstwahrscheinlich der Grund für die Stimmungsschwankungen und heftigen prämenstruellen Probleme derer, die von diesem Pilz befallen sind.

Da die chronische Candida-Mykose so viele Symptome, darunter Angst und Depression, hervorruft, wird sie oft als psychosomatische, das heißt von der Seele bewirkte Krankheit bezeichnet, und Menschen, deren Zustand fälschlicherweise als solcher diagnostiziert wurde, gehen nicht selten jahrelang in psychologischen Praxen ein und aus. Die Behandlung, die ihnen zuteil wird – Medikamente und noch mehr Medikamente –, macht die Sache nur noch schlimmer und ist der Grund dafür, daß sich viele der alternativen Medizin zugewandt haben. Unser Körper läßt uns häufig wissen, was mit ihm im argen ist, wenn wir nur auf ihn »hören«. Viele an Candida-Mykose Erkrankte haben immer wieder gesagt: »Ich wußte, daß da was in meinem Körper nicht stimmt.«

Es gibt wirksame Behandlungsmethoden, welche jedoch mehrere Monate in Anspruch nehmen können. Sie bestehen hauptsächlich aus pilztötenden Mitteln (nicht unbedingt Medikamenten) und gesunder Ernährung, einschließlich ausreichender Versorgung mit Vitaminen und Mineralien. Naturbelassener Joghurt reinigt den Verdauungstrakt und verhindert das Wachstum von Pilzen.

Obwohl die Candida-Mykose sich immer weiter ausbreitet, reagiert die medizinische Fachwelt nur langsam. Sie geht immer noch davon aus, daß sie höchstens in der Vagina oder im Mund eines Säuglings vorkommt.

Endlose Untersuchungen

Patienten mit Candida-Mykose oder Allergien müssen oftmals das volle Spektrum der Magen-Darm-Untersuchungen über sich ergehen lassen, ohne daß ein brauchbarer Befund zustande kommt. Die Diagnose lautet in der Regel: »Reizdarm«, was soviel bedeutet wie: »Wir können keine Ursache für Ihre Beschwerden finden.« Die häufig verschriebene ballaststoffreiche Ernährung macht die Sache nur noch schlimmer, denn sie beinhaltet Nahrungsmittel, die das Wachstum der Hefepilze noch unterstützen. Besorgen Sie sich statt dessen ein gutes Buch über die Anti-Candida-Ernährung; Literaturempfehlungen dazu finden Sie im Anhang.

Wiederholt auftretende Symptome

Beschwerden im Bauchbereich

Blähungen, Darmwinde, Schlaflosigkeit, Verstopfung oder Durchfall, Zysten, die nicht auf Antibiotika ansprechen, Ausfluß, Penisinfektionen, Mundinfektionen, Ohrinfektionen (mit wäßriger Absonderung, die die Haut um das Ohr herum wund werden läßt), Depressionen, Angst.

Weiter kann es zu Nagelbettinfektionen, Schweißfüßen, Kopfhautproblemen, Wundsein im Naseninnenbereich, Mundwinkelinfektionen, empfindlicher Zunge und Wangeninnenseite kommen. Auch Gaumen und Hals können betroffen sein. Manche Patienten haben das Gefühl, vom Mund bis zum Anus wund zu sein.

Träger Darm

Eine an raffinierten Kohlehydraten reiche Ernährung (zum Beispiel Weißbrot, Kuchen, Zucker), Mangel an Bewegung sowie Streß sind verantwortlich für den sogenannten trägen Darm. Dieser ist eine ideale Brutstätte für Pilze (Candida). Der Darm produziert mehr Schleim, um den unerwünschten Ballast loszuwerden, und in der Folge verbindet sich der Schleim mit den raffinierten Kohlehydraten zu einer klebrigen Masse, die sich an die Darmwände legt. Diese Masse kann bis zu dreieinhalb Kilo wiegen; sie verursacht nicht nur Unwohlsein, sondern verhindert auch die Aufnahme lebenswichtiger Mineralien und Vitamine durch die Darmwand sowie die Herstellung von Enzymen, die für die Verdauung unerläßlich sind. Mehr zum Thema Darm und Darmreinigung finden Sie in den entsprechenden Ratgebern im Anhang.

Harnwegserkrankungen

Candida kann die Ursache eines immer wiederkehrenden Blasenkatarrhs sein, unter dem manche nervöse Menschen leiden und dem nicht einmal mit Antibiotika beizukommen ist. Der Genuß von zucker- und hefehaltigen Nahrungsmitteln sowie Alkohol verschlimmert die Symptome. Suchen Sie immer einen Arzt auf, wenn Sie dauerhaft unter Blasen- und Bauchbeschwerden leiden. Sollte keine Ursache festzustellen sein (es gibt keinen zuverlässigen Test für Candida), könnten Sie einen Ernährungsspezialisten aufsuchen. Falls dies aus finanziellen Gründen nicht möglich ist (die Krankenkassen tragen die Kosten nicht immer), müssen Sie zur Selbsthilfe greifen. Am besten informieren Sie sich über die Möglichkeiten einer gesunden Ernährung durch Bücher. Anregungen dazu finden Sie wiederum im Anhang.

Pilzerkrankungen der Haut

Pilzerkrankungen der Haut werden zuweilen mit nervösem Ausschlag verwechselt. Die Pilzerkrankungen machen sich meist als trockene, schuppige Flecken auf den Wangen, zu beiden Seiten der Nase, an den Ohren und auf den Händen bemerkbar, sie können jedoch überall am Körper auftreten.

Unverträglichkeiten gegenüber Nahrungsmitteln und Chemikalien

Da das Immunsystem geschwächt ist, treten Unverträglichkeiten und Candida oft gemeinsam auf. Zu den häufigsten Beschwerden zählen Herzklopfen, Hitzewallungen, Kopfschmerzen, Schwindel, Blähungen sowie Atemlosigkeit nach dem Genuß bestimmter Speisen oder dem Verweilen in der Nähe von Benzindämpfen, Gasfeuern usw. Es gibt viele Bücher zu diesem Thema, mit deren Hilfe sich herausfinden läßt, gegenüber welchen Lebensmitteln Unverträglichkeiten bestehen; sie beschreiben außerdem, wie man sein Zuhause von unnötigen Chemikalien befreit. Bei schwerwiegenden Symptomen sollte man auf jeden Fall einen Arzt aufsuchen, der umfassende Allergietests durchführen kann.

Enzephalomyelitis

Hierbei handelt es sich um eine chronische Entzündung des Gehirns und Rückenmarks, bei der es zu extremen Müdigkeitsanfällen sowohl in den Muskeln als auch im Gehirn kommt. Beginnen kann es mit Drüsenfieber und Grippe; in schweren Fällen müssen die Betroffenen sogar eine Zeitlang ihre Arbeit aufgeben. Jahrzehntelang wurden Betroffene als Simulanten und Hypochonder abgestempelt. Diagnostiziert wurde Enzephalomyelitis zum erstenmal vor ungefähr 50 Jahren, aber erst in den letzten Jahren wurde die Krankheit umfassender erforscht. Enzephalomyelitis wird oftmals für eine Erkrankung des Nervensystems gehalten, da die Symptome Angst, Depression und Lethargie mit einschließen; nicht selten spricht man von der »Yuppiekrankheit« oder »Simulantenkrankheit«. Beeinträchtigt ist auch das Immunsystem, und Allergien und Candida können mit der Krankheit einhergehen.

Die Schulmedizin hat bis heute keine wirksame Behandlungsmethode gefunden, sehr wohl aber die Alternativmedizin, mit deren Hilfe manche vollständig geheilt werden konnten. Unerläßlich für die Heilung sind Ruhe, gesunde Ernährung, frische Luft, Tageslicht, geregelte Verdauung, gesunde Darmflora. Jede Heilmethode, die auf Entspannung und natürlicher Heilung beruht, ist zu empfehlen. Tranquilizer und Antidepressiva bewirken in der Regel keine Besserung, sondern fügen dem Körper, der sich ohnehin schon abmüht, das durch den Virus im Körper befindliche Gift loszuwerden, nur noch mehr Gift zu.

Chronische Schmerzen als Ursache einer nervlichen Erschöpfung

Nerven leiden nicht nur unter den chronischen Schmerzen an sich, sondern auch unter der ständigen Anspannung in den Muskeln. Auch wenn ein Mensch nur unter schwachen chronischen Schmerzen leidet, kann er sich niemals völlig entspannen. Denken Sie an den Feuerwehrmann: Wenn er seine Muskeln anspannt und schneller atmet, steigt sein Adrenalinspiegel. Es kann nicht oft genug wiederholt werden, daß dies, ungeachtet der Ursache, Angst, Reizbarkeit und andere psychische Symptome auslöst. Menschen, die Schmerzen haben, atmen oft schneller, weil sie glauben, dadurch die Schmerzen lindern zu können. Wie sich dies auf den Angstzustand auswirkt, erfahren Sie in Kapitel 16.

Ernährungsbedingte Mangelerscheinungen als Ursache von Angst und Depression

Wenn die Nerven unter Streß stehen, hat der Körper ein erhöhtes Bedürfnis nach bestimmten Vitaminen und Mineralien. Mangelnder Appetit und schlechte Verwertung führen oftmals zu völliger Erschöpfung. Selbst wenn Sie ein Kummeresser und übergewichtig sind, bedeutet das nicht, daß Sie gut mit Vitaminen und Mineralien versorgt sind.

Anzeichen für Vitaminmangel

1. Die Zunge ist geschwollen, glatt, rot, wund und hellrot an der Spitze, rauh, fleckig, zerfurcht; die Adern unter der Zunge sind geschwollen.
2. Zahnfleischbluten, Risse an den Mundwinkeln, spröde Lippen, immer wiederkehrendes Herpes.
3. Langsame Wundheilung, veränderte Geschmacksempfindungen, blaue Flecken, Haarausfall.
4. Muskelkrämpfe und müde Glieder.

Diese Symptome verschwinden in der Regel bei ausreichender Ernährung ziemlich schnell. Bitten Sie Ihren Arzt um Anleitung, oder lesen Sie eines der vielen Bücher zum Thema gesunde Ernährung. Empfehlungen dazu finden Sie im Anhang.

Doch auch hier muß man wissen, was man sich zuführt, denn zuviel Vitamin B^6 kann zu neurologischen Problemen führen, hohe Dosen von Vitamin D sind giftig; und der Vitamin-B-Komplex wirkt sehr anregend, was für depressive Menschen richtig ist, nicht jedoch, wenn Sie unter Angstzuständen und Schlaflosigkeit leiden. Manche Vitamin-B-Komplexe (häufig solche, die Hefe enthalten) können zu Blasenkatarrh, Blähungen, Ausschlägen und Jucken in der Anusgegend führen. Dagegen helfen Kalzium und Magnesium (oder Chromium, wenn Sie Blutzuckerprobleme haben) bei nervösen Beschwerden sehr gut.

Depression und Ernährung

Eine gedrückte Stimmung ist nicht selten auf einen übersäuerten Körper zurückzuführen. Eine Ernährung, die reich an raffinierten Kohlehydraten und Fleisch ist, kann die Ursache für eine solche Übersäuerung sein, wohingegen eine Ernährung mit viel vor allem rohem Gemüse und Vollkornprodukten für eine basische Grundlage sorgt. Bücher zu diesem Thema finden Sie ebenfalls im Anhang.

Psychische Symptome äußern sich oft in körperlicher Form

Bei manchen Menschen äußern sich Angst, Zorn und Trauer als körperliche Symptome; man spricht in diesem Fall von somatischen Symptomen. Oft ist es so, daß sich eine unglückliche Erinnerung als Symptom an einer bestimmten Körperstelle niederläßt. Der Vorfall wird immer dann wieder ins Gedächtnis gerufen, wenn Spannung abgebaut wird, beispielsweise während einer Massage. Der erstaunte Patient betritt die Praxis vielleicht mit einer schmerzenden Schulter – der Schmerz ist für ihn rein körperlich – und fängt schließlich irgendwann zu weinen an, weil er an ein trauriges oder furchtauslösendes Ereignis denken muß, das schon lange zurückliegt. Erst wenn man die Anspannung lockert, kann der emotionale Schmerz zum Vorschein kommen.

Die nachfolgenden Beispiele zeigen, wie durch die Freisetzung von emotionalem Schmerz der körperliche Schmerz gelindert werden kann.

Ein junger Mann kam mit Schmerzen im rechten Knie in die Praxis. Es war jedoch offensichtlich, daß er außerdem deprimiert war. Der Schmerz – und die Depression – kam und ging, und zwar seit Jahren. Der junge Mann hatte seinem Arzt nichts von den Depressionen erzählt, denn im Grund wußte er gar nicht, daß es sich bei seinen Gefühlen um Depressionen handelte. Er ließ sein Knie mehrmals untersuchen, aber die Ursache des Schmerzes blieb im dunkeln.

Während der Therapie erinnerte er sich daran, wie seine Mutter ihm als Kind im Auto ständig einen ordentlichen Klaps gab, wenn er herumhüpfte oder mit seinem Bruder stritt. Sie traf jeweils sein rechtes Knie. Als er sich dessen bewußt wurde, wurde er sehr zornig und sagte: »Diesmal lass' ich mich nicht mehr von ihr klapsen.« Als er sich später verlobte, reagierte seine Mutter ziemlich kühl und abweisend, und die Symptome machten sich wieder bemerkbar. Sein Gefühlszustand besserte sich sehr viel langsamer als sein Knie. Zuerst verspürte er Angst, wenn er seine Gefühle verbal ausdrückte – er hatte das Gefühl, seiner Mutter weh zu tun. Aber wer hatte ihm eigentlich jahrelang weh getan? Sie hatte ihm zwar viel Liebe und Zuwendung geschenkt, aber doch nur, wenn er tat, was sie wollte. Er war ein zurückhaltender Mensch, und der Gedanke an ein offenes, ehrliches Gespräch erschreckte ihn. Irgendwann sah er schließlich ein, daß auch das mit Liebe geschehen konnte und daß es tatsächlich geschehen mußte, wollte er gesund werden und sein eigenes Leben leben.

> Eine junge Frau hatte furchtbare Angst davor, an Krebs zu erkranken – ihre Mutter war mit 29 an Darmkrebs gestorben. Die Frau ging nun auf dieses Alter zu und war sicher, daß sie dasselbe Schicksal erleiden würde. Mehrere Jahre schon hatte sie über Beschwerden im Bauchbereich geklagt; sie stellte sich mindestens siebenmal pro Tag auf die Waage, um zu sehen, ob sie abgenommen hatte. Obwohl alle einschlägigen Untersuchungen negativ ausfielen, war sie nicht davon zu überzeugen, daß sie organisch vollkommen gesund war. Erst als sie in der Lage war, ihre Gefühle mitzuteilen, begriff sie, daß ihre Anspannung die Ursache ihrer Bauchbeschwerden war. Daraufhin verschwanden alle Symptome. Sie nahm gute vier Kilo zu und fing an, Squash zu spielen.

Dies sind nur Beispiele dafür, wie seelischer Schmerz abgebaut werden kann. Dazu muß man nicht notwendigerweise zu einem Therapeuten oder in eine Gruppe gehen. Auch die Entspannung mittels Schwimmen oder Yoga kann die gleiche Wirkung erzielen (siehe Teil 2).

13. Fehldiagnose

Eine Fehldiagnose kann für den Patienten sehr schmerzlich sein, und negative Bemerkungen untergraben sein Selbstwertgefühl und säen Selbstzweifel. Haben Sie auch schon einmal folgende unnütze Kommentare zu hören bekommen?

- Sie müssen sich zusammenreißen.
- Sie sind einfach nur ängstlich.
- Sie haben einfach Depressionen.
- Sie genießen doch die Aufmerksamkeit, die Sie wegen Ihrer Krankheit bekommen.
- Sie sind einfach hysterisch.
- Das existiert nur in Ihrer Vorstellung.

Wenn Ihnen das nächste Mal jemand damit kommt, daß Sie sich »zusammenreißen« sollen, lächeln Sie doch und antworten: »Gern, wenn Sie mir sagen, wie's geht.« Es ist unwahrscheinlich, daß darauf jemand eine vernünftige Antwort hat. Natürlich gibt es Menschen, die simulieren, aber für die, die das nicht tun, sondern tatsächlich psychische Probleme haben und gern gesund werden möchten, ist es wenig hilfreich, wenn man mit dem Finger auf sie zeigt. Sie haben dann eine doppelte Last zu tragen: ihre quälenden Symptome und die Erniedrigung, daß man ihnen vorwirft, sie würden ihre Krankheit auch noch genießen. Man kann sich am Kranksein gar nicht freuen, wenn man dabei seine Arbeit aufs Spiel setzt, niemals ohne Schmerzen ist und seinen Mitmenschen ständig Sorgen bereitet. Dazu das folgende Beispiel:

Ruth, eine 30jährige Computerprogrammiererin, hatte seit vier Jahren immer wieder über Schmerzen in der Bauchgegend geklagt. Sie hatte das Gefühl, von ihrem Arzt nicht ernst genommen zu werden, weil sie mit Anfang 20 ein Nervenleiden gehabt hatte.

Der nagende Schmerz machte sie ebenso mürbe wie der Blick ihres Arztes, der zu besagen schien: »Sie sind ja schon wieder da!« Sie versuchte es mit einer Ärztin. Die verschrieb Antidepressiva. Davon bekam sie jedoch Kopfschmerzen und nahm sechs Kilo zu, außerdem wurden ihre prämenstruellen Beschwerden stärker. Schließlich wurde sie zu einem Spezialisten überwiesen. Eine eingehende Untersuchung förderte zutage, daß die Schmerzen eindeutig gynäkologische Ursachen hatten.

Jahre später weinte sie während einer Therapiestunde ganz bitterlich. Niemand, so schluchzte sie, habe damals ein Wort der Entschuldigung oder des Trostes gesagt.

Menschen, die ihre Symptome erfinden

Es läßt sich nicht leugnen, daß es immer wieder Menschen gibt, die ihre Symptome erfinden, was ihren Mitmenschen natürlich Sorge bereitet. Sicher ist aber, daß diese Menschen, die vorgeben, Schmerzen zu haben, in den meisten Fällen genauso viel Hilfe brauchen wie diejenigen, die tatsächlich Schmerzen leiden. Sie sind wie Kinder, die behaupten, ihr Bein tue ihnen weh, wenn sie in Wirklichkeit Halsschmerzen haben – sie sind nicht in der Lage, den Schmerz zu lokalisieren. Sie wissen, daß ihnen etwas weh tut, aber sie können nicht sagen, wo.

Vorgetäuschter Schmerz wird in der Regel als moralisches Vergehen behandelt – jemand versucht, die anderen zu täuschen. Es mag Täuschung sein, aber keine bewußte. Vielleicht sind wir groß geworden in der Überzeugung, daß körperlicher Schmerz der einzige erlaubte Schmerz ist. Die meisten Menschen scheuen sich nicht, eine Verabredung abzusagen, wenn sie eine Erkältung oder Halsschmerzen haben, es ist ihnen aber höchst unangenehm, sie fühlen sich sogar schuldig, wenn sie eine Verabredung absagen müssen, weil sie depressiv sind. Sie erfinden deshalb eine körperliche Krankheit und fühlen sich dann elend, weil sie gelogen haben, oder erniedrigt, weil sie schon wieder eine »Grippe« hatten.

Der Junge, der mit einem blutigen Knie zu seinem Vater kommt, wird höchstwahrscheinlich versorgt und getröstet. Aber was würde passieren, wenn er zu seinem Vater ginge und sagte, er habe Angst oder sei traurig? »Angst? Mit sieben Jahren hat ein Junge keine Angst mehr!« oder: »Warum solltest du traurig sein? Nächste Woche fahren wir doch in Urlaub.« Seelischer Schmerz ist höchstens peinlich. Kein Wunder, daß unsere psychiatrischen Kliniken voll sind.

2. Teil

Selbsthilfe bei Angst und Depression

14. Seien Sie Ihr eigener Therapeut

Vielleicht haben Sie das Gefühl, daß Sie keine Hilfe von anderen brauchen, und möchten herausfinden, ob Sie sich tatsächlich aus eigener Kraft helfen können. Wenn Menschen anfangen, sich selbst zu lieben, aufhören, sich etwas vorzumachen, und lernen, richtig zu entspannen, sind die Ergebnisse nicht selten verblüffend.

Wenn Sie sich keiner Behandlung unterziehen, können seelische Entspannung und Abreaktion ganz spontan erfolgen. Es kann beängstigend sein, wenn man nicht weiß, was da genau passiert, aber es besteht kein Grund zur Sorge. Sie werden sich in der Folge besser fühlen. Ich möchte diesen sogenannten Trigger-Effekt am Beispiel von Paula verdeutlichen.

Paula war glücklich verheiratet, und ihre Teilzeitarbeit machte ihr Spaß. Sie hatte im Laufe ihres Lebens immer wieder unter Depressionen gelitten, aber nie so sehr, daß sie deswegen ärztliche Hilfe in Anspruch hätte nehmen müssen. Sie kam schließlich in die Sprechstunde, weil sie nach dem Tod ihrer Mutter depressiv und verwirrt war.

Sie trauerte ganz normal um ihre Mutter, aber sie konnte nicht fassen, daß sie plötzlich Haß für ihren Vater empfand. Er war bereits einige Jahre tot, und sie hatte geglaubt, schon längst vergessen zu haben, wie sehr sie in jungen Jahren unter ihm gelitten hatte. Sie fing an, von ihm zu träumen, und wachte immer häufiger mit Depressionen auf. Schlimm genug, daß sie tagsüber dauernd an ihn denken mußte, aber nun konnte sie ihm nicht einmal im Schlaf entkommen.

Eines Tages kam sie vollkommen erschöpft von der Arbeit nach Hause. Durch das offene Fenster hörte sie Klavierspiel. Eine Erinnerung stieg in ihr hoch, die sie mit Zorn erfüllte: Sie war neun Jahre alt und wurde von ihrem Vater wie wild geschüttelt. Er war wütend, weil sie nicht Klavier üben wollte. Dabei hieß ihre ängstliche Mutter sie immer, bloß keinen Lärm zu machen und ihren Vater nicht zu verärgern.

Nach einigen Tagen, während deren Paula ruhelos und ständig den Tränen nahe war, brach alles aus ihr heraus. Ihr Mann kam nach Hause und hörte zu seinem großen Erstaunen, wie sie ihren Vater wegen seiner Grausamkeit wüst beschimpfte und ihre Mutter attackierte, weil sie sie nicht beschützt hatte. Darüber hinaus zerriß sie vor lauter Wut alle Notenblätter, die ihr in die Finger kamen.

Als die Papierfetzen allesamt zu Boden gesegelt waren, brach sie in Tränen aus. Schluchzend sagte sie, sie fühle sich furchtbar erleichtert und hätte endlich nicht mehr das Gefühl, ihr Leid klaglos ertragen zu müssen. Sie konnte es endlich loswerden. Obwohl sie wußte, daß ihr Tun kindisch war, behielt sie es bei. Mit der Erleichterung kam auch die Erschöpfung, doch gleichzeitig hatte sie auch das Gefühl, zum erstenmal im Leben sie selbst zu sein.

Kognitive Therapie – das »Umschalten im Kopf«

Diese Methode dient dazu, tagtägliche Einschränkungen zu überwinden, indem wir den Teufelskreis der negativen Gedanken durchbrechen. Angsterzeugende Gedanken werden verändert, indem wir sie durch positive Ermutigung ersetzen.

Selbstgespräch

Ein Selbstgespräch ist genau das, was der Name verheißt. Indem wir uns selbst immer wieder Anweisungen geben – dies kann laut oder leise geschehen –, zerstören wir negative Gedankenmuster. Wer Klavier spielt, weiß, daß man, wenn man bei einem Stück immer wieder an der gleichen Stelle steckenbleibt, dies nur durch wiederholtes Üben ausmerzen kann. Dasselbe gilt für unsere Gedanken. Oftmals hilft es, sie zu Papier zu bringen und das Ersetzen negativer Gedanken durch positive in entspannten Situationen zu üben, damit sie in schwierigen Zeiten automatisch kommen. Wenn jemand beispielsweise Angst vor Autoritätspersonen hat, könnte er folgendermaßen üben: »Es gibt keinen Grund, warum ich vor Autoritätspersonen Angst haben sollte. Ich bin kein Kind mehr, ich bin sicher, mein Selbstbewußtsein wächst« usw.

Wählen Sie aus den nachfolgenden Sätzen den, der für Sie am besten paßt, und denken Sie sich weitere hilfreiche Sätze aus. Halten Sie diese auf Papier fest.

1. Dieses verrückte Bedürfnis, ständig zu reden, heißt nur, daß ich nervös bin und mich besser entspannen muß.
2. Ich werde geduldig mit mir selber sein, ich möchte wieder die Kontrolle über mein Leben haben.
3. Mache ich diese Panik schlimmer – habe ich Hunger, atme ich falsch usw.? (Bringen Sie dieses Stück Papier überall dort an, wo Sie es brauchen: am Kühlschrank, am Badezimmerspiegel, am Fernseher ...)
4. Jammere nicht ständig den anderen die Ohren voll – du weißt, wie dumm du dir hinterher vorkommst. (Dieser Satz sollte Ihnen beim Telefonieren ins Auge springen.)
5. So verhalte ich mich normalerweise nicht, und es wird auch wieder anders werden. Ich habe alles, was ich brauche, um zu genesen, in mir. Es geht mir von Tag zu Tag besser. Ich bin ein wunderbarer Mensch, und ich verdiene, gesund zu sein.

Haben Sie die Ängste identifiziert, die Ihnen das Leben schwermachen? Zu den weit verbreiteten Ängsten gehören: Tod, Autorität, Verletzung, Krankheit, Alter, Alleinsein, Versagen, Verantwortung, Beziehungen, Sexualität.

Negative Gedanken analysieren

Könnte es sein, daß einige Ihrer unsteten Gedanken von unrealistischen Erwartungen Ihrerseits an andere und an sich selbst herrühren? Sind diese Gedanken mit der Zeit immer stärker geworden und machen Ihnen nun das Leben schwer?

Welche Erwartungen haben Sie an andere?
Wie oft sind Ihre Forderungen unvernünftig: Ich muß immer und überall geliebt werden / Wenn sie nicht tun, was ich sage, dann lieben sie mich nicht / Wenn er nicht bemerkt, wann ich müde bin und wann meine Schuhe abgelaufen sind, kann er mich nicht lieben / Wenn sie mir nicht in allem recht gibt, dann ist sie gegen mich / Ich brauche in einer Beziehung die totale Hingabe.

Welche Erwartungen haben Sie an sich selbst?
Wenn ich die Beherrschung verliere, wird mich niemand mehr mögen / Wenn ich nicht super aussehe, wird er mich nicht lieben / Wenn ich nicht alles tue, was sie will, wird sie mich verlassen / Wenn ich keine guten Noten kriege, wird sie mich nicht lieben / Wenn ich an Weihnachten nicht nach Hause komme, wird sie denken, ich liebe sie nicht / Ich darf nicht als Versager dastehen / Ich darf keine Schwäche zeigen.

Zuviel des Guten
Kranke Menschen sind mitunter auf andere angewiesen, aber wenn dieser Zustand zu lange andauert, kann er die Genesung behindern – ähnlich wie in der Dauerdrogentherapie. Die Anstrengung, einen seelisch kranken Menschen über einen langen Zeitraum zu betreuen, kann auch schwerwiegende Folgen für die Betreuenden haben.

Fixierung auf Menschen
Menschen, die unter angstvollen und negativen Gedanken leiden, suchen oftmals dauernd Zuspruch. Dieser bringt je-

doch nur eine zeitweilige Verbesserung, und so will der Leidende mehr und mehr. In einem solchen Fall spricht man von Zuspruchneurose, Abhängigkeit oder Fixierung auf Menschen. Das passiert nicht nur zwischen Patient und Therapeut, sondern auch in privaten Beziehungen. Manche Menschen sind so abhängig von ihrem Partner, daß sie nicht eine Sekunde ohne ihn sein können. In ehelichen Gemeinschaften kann dies zu einer großen Belastung werden. Der Leidende denkt nur daran, wie sehr er leidet, und besteht mitunter sogar darauf, daß der Partner wach bleibt, wenn er selbst nicht schlafen kann. Manche Menschen weigern sich auch, allein im Haus zu bleiben, so daß der Partner gezwungen ist, einen »Babysitter« aufzutreiben.

Wenn Sie das Gefühl haben, daß Ihr Partner zuviel von Ihnen verlangt, ist es besser, ihn darauf hinzuweisen, auch wenn Sie dadurch Tränen und Wut heraufbeschwören. Es wäre wenig hilfreich, wollten Sie alles hinunterschlucken und nichts sagen.

Es ist außerdem wichtig, dafür zu sorgen, daß die betroffene Person nicht endlos von ihrem Zustand erzählt. Bitten Sie sie darum, nur zu einer bestimmten Zeit über ihre Symptome zu reden, zehn Minuten lang nach dem Abendessen beispielsweise. Sie wird zuerst zornig sein und Sie der Gefühlskälte beschuldigen. Weisen Sie sie dann darauf hin, daß sie doch ein Leben in Normalität anstrebt – und daß es ihr nicht einfach so in den Schoß fällt.

Behandlung der Abhängigkeit von Menschen

Der kognitive Therapeut bestärkt seine Patienten darin, Zuspruch immer mehr bei sich selbst und weniger bei anderen zu suchen. Natürlich wäre es unrealistisch zu erwarten, daß betroffene Menschen dies können, wenn man nicht gleichzeitig auf ihre Gefühlswelt und die Möglichkeiten der Entspannung eingeht.

Nichts ist entwürdigender als das Bedürfnis, ständig jemanden in seiner Nähe zu haben oder am Telefon hängen zu müssen, um durch den Tag zu kommen. Machen Sie sich Selbstgespräche zunutze (siehe oben).

15. Entspannung

Arbeit mit dem Körper zum Wohle der Seele

Ich habe bereits in Kapitel 3 eingehend erklärt, wie verspannte Muskeln Angst auslösen können. In dieser Hinsicht wurde eine interessante Beobachtung gemacht: In normalen Menschen lassen sich ohne weiteres Panikattacken auslösen, wenn man ihnen Laktat injiziert – Laktat ist ein Salz der Milchsäure, das in überstrapaziertem Muskelgewebe gebildet wird.

Das mag Sie zu der Überlegung verleiten: »Ich werde meine Muskeln einfach entspannen, dann wird die Angst von alleine verschwinden.« Bedauerlicherweise ist dies leichter gesagt als getan. Die Muskeln sind aus Gewohnheit angespannt, und Sie sind sich dessen vielleicht gar nicht bewußt, solange Sie nicht erkennen, daß Sie mit hochgezogenen Schultern und nach vorne gestrecktem Kopf wie eine Schildkröte herumlaufen. Genau da liegt das Problem: Sie müssen unablässig bewußt handeln, bis Ihre Muskeln umerzogen sind.

Richtige Körperhaltung

Der Kopf im Gleichgewicht

Der menschliche Kopf ist schwerer, als wir annehmen; er wiegt etwa neuneinhalb Kilogramm. Ist er nicht im Gleichgewicht, kann sich dies auf den ganzen Körper auswirken. Wenn Sie ängstlich oder depressiv sind, ziehen sich die Muskeln, die an Hals und Nacken verlaufen, zusammen, was wiederum die Atmung, den Kopf, den Nacken, die Schultern und den Rücken bis hinunter zum Becken beeinflußt und sogar Verspannungen in den Beinen bewirken kann.

Um Ihren Kopf richtig auszubalancieren, setzen Sie sich aufrecht, aber nicht verkrampft auf einen Stuhl, und richten Sie die Augen ungefähr einen Meter vor sich auf den Boden (so können sich die Muskeln an Hals und Nacken nicht verkürzen). Lassen Sie die Schultern hängen, und richten Sie den Blick jetzt gerade so weit nach oben, daß Sie sich bequem im Zimmer umschauen können – das ist die richtige Position für Ihren Kopf. Das Kinn zeigt nach unten und ist nicht vorgestreckt. Diejenigen, die uns eingetrichtert haben: Rücken gerade, Kopf hoch, Schultern zurück und Kinn hoch, haben uns damit leider nichts Gutes getan, denn unserem Kopf und Rücken tun wir damit keinen Gefallen.

Die Alexander-Technik

Die Alexander-Technik ist eine der wirksamsten Methoden, um die richtige Körperhaltung zu erlernen und sich ohne Verspannung und Verkrampfung zu bewegen.

Die Technik deckt behutsam schädliche Verhaltensmuster auf und zeigt, wie man diese unterbinden, den Organismus durch bewußte innere Ausrichtung neu koordinieren und den Körper optimal gebrauchen kann. Ein Besuch bei einem Alexander-Lehrer ist eine empfehlenswerte Investition.

Schnelle Entspannungshilfen

Sie können die folgende Übung überall machen – im Bus, in der Wohnung eines Freundes, im Büro. Und niemand braucht zu erfahren, was Sie gerade tun.

Setzen Sie sich mit dem Kopf in der richtigen Position so wie oben beschrieben hin, lassen Sie die Schultern hängen – stellen Sie sich vor, Ihre Schultern seien ein Kleiderbügel und Ihr Körper ein nasses, daran aufgehängtes Kleidungsstück. Überprüfen Sie noch einmal die Position Ihres Kopfes, dann schütteln Sie die Arme und legen die Hände mit den Handflächen nach oben in Ihren Schoß. Pressen Sie jetzt die Oberschenkel zusammen, und lassen Sie wieder locker. Legen Sie die Füße an den Knöcheln leicht übereinander und lassen dabei die Knie auseinanderfallen, oder stellen Sie die Füße einfach flach auf den Boden.

Entspannung im Liegen – in fünf oder zehn Minuten

Am besten funktionieren Entspannungsübungen auf dem Boden, sie können aber auch im Bett gemacht werden. Wenn

Sie liegen, wird die Blutzufuhr zum Kopf verstärkt (Sie wissen, wovon ich spreche, wenn Sie schon einmal starke Zahnschmerzen hatten), Rücken und Herz werden entlastet. Der Körper muß viel Energie aufwenden, um aufrecht zu stehen. Nur wenn man liegt, können die Knochen in ihre natürliche Position finden. Wir haben herausgefunden, daß Entspannung nach körperlicher Betätigung am wirksamsten ist. Ich möchte Ihnen deshalb eine kurze Übung ans Herz legen, die Sie durchführen sollten, bevor Sie sich hinlegen.

Übung »Nasser Hund«

Machen Sie den Mund auf, und schütteln Sie sich wie ein Hund, wenn er aus dem Wasser kommt. Stützen Sie sich mit einer Hand an der Wand oder auf einem Stuhl ab, und schütteln Sie nacheinander beide Beine. Diese Übung eignet sich besonders für Menschen, die Angst haben, aufgrund von nervlicher Anspannung plötzlich zu zittern. Es kostet sehr viel mehr Energie, das Zittern zu unterdrücken, als sich ganz bewußt zu schütteln. Wenn Sie unter Menschen sind und zu Ihrem Entsetzen plötzlich zu zittern anfangen, gehen Sie einfach auf die Toilette und schütteln sich von Kopf bis Fuß. Hinterher sind Sie höchstwahrscheinlich nicht mehr in der Lage zu zittern, selbst wenn Sie wollten!

Sorgen Sie dafür, daß das Zimmer weder zu kalt noch zu warm ist, und legen Sie sich eine Decke in Reichweite. Manchen Menschen wird schnell kalt, wenn sie sich entspannen, anderen wird warm und kribbelig. Ein Gefühl der Schwere ist normal, obwohl manche Menschen sich auch schwerelos und schwindlig fühlen. Ignorieren Sie solche Gefühle. Wenn

Sie sehr verspannt sind, sollte diese Übung zu einem festen Bestandteil Ihres Tagesablaufs werden, genauso wie das Zähneputzen.

Anspannen und lockerlassen

Diese Übung, bei der es darum geht, jede Muskelgruppe anzuspannen und lockerzulassen, sollten Sie besser weglassen. Wenn Sie sehr verspannt sind und wenn Sie einen Tabletten- oder Alkoholentzug machen, könnte sie Ihr Unwohlsein noch verstärken, weil sie manchmal zu einem Muskelkrampf führt. Vor allem die Anspannung der großen Rückenmuskeln kann das Gefühl vermitteln, daß der Rükken gewölbt ist und Sie nicht mehr flach liegen können.

Längere Entspannungsübungen

Gehen Sie folgendermaßen vor:

1. Legen Sie sich auf den Boden, lagern Sie den Kopf mit Hilfe von Büchern etwa zehn Zentimeter hoch, ziehen Sie die Knie an, und stellen Sie die Füße flach auf den Boden (dies ist ganz besonders wichtig, wenn Sie Rückenprobleme haben). Wenn Ihrem Rücken nichts fehlt und Sie sich einfach ausstrecken wollen, tun Sie dies nach ein paar Minuten.
2. Atmen Sie einmal tief durch die Nase ein. Stellen Sie sich vor, Ihr ganzer Körper fülle sich mit Luft, und lassen Sie dann den Unterkiefer sinken und die Luft langsam durch

den Mund entweichen. Stellen Sie sich weiter vor, Sie wären so schwer, daß Sie in den Fußboden sinken.

3. Streicheln Sie im Geiste den jeweiligen Teil Ihres Körpers, und sagen Sie sich dann je dreimal:

- Mein rechter Arm ist ganz schwer.
- Mein linker Arm ist ganz schwer.
- Mein rechtes Bein ist ganz schwer.
- Mein linkes Bein ist ganz schwer.
- Mein ganzer Körper ist ganz schwer.

Streicheln Sie nun im Geiste wieder den angesprochenen Teil Ihres Körpers, und sagen Sie sich diesmal:

- Mein rechter Arm ist ganz warm.
- Mein linker Arm ist ganz warm

usw. und schließlich

- mein ganzer Körper ist ganz warm.

Stellen Sie sich nun ein reines weißes Licht vor, daß Sie mit Energie erfüllt. Strecken Sie sich, bewegen Sie Finger und Zehen. Drehen Sie sich zur Seite, und setzen Sie sich dann auf. Bleiben Sie einen Moment lang still sitzen, bevor Sie langsam aufstehen.

Dies ist eine einfache Übung, seien Sie deshalb nicht überrascht, wenn Ihr Körper nicht gleich von Anfang an darauf reagiert. Wie bei allem macht auch hier die Übung den Meister. Man kann sich nicht zu einem entspannten Zustand zwingen – wer dies versuchen wollte, verkrampft sich nur um so mehr. Machen Sie einfach die Übung jeden Tag, bis sich ein spürbares Ergebnis einstellt. Sie werden vielleicht feststellen, daß manche Ihrer Muskeln ein bißchen weh tun, wenn Sie vom Boden aufstehen – sie tun deshalb weh, weil sie besser durchblutet worden sind. Das ist auf jeden Fall ein gutes Zeichen und bedeutet, daß Ihr Körper in der Lage war, loszulassen, und Ihre Gelenke die Möglichkeit hatten, eine andere Stellung einzunehmen. Haben Sie als Kind jemals mit einer Schnur oder einem Gummi das Ende eines Fingers abgebunden? Das Fingerende wurde taub. Als Sie die Schnur oder das Gummi entfernten, schoß das Blut wieder in den Finger, und der Finger schmerzte ein paar Sekunden lang. Genau das passiert auch mit Ihren Muskeln.

Den Körper lockern

Achten Sie auf sich selbst

Was mache ich mit meinem Kopf und meinem Hals?

- Halte ich den Kopf immer schief?
- Ziehe ich ständig den Kopf ein (Schildkrötenposition)?
- Strecke ich das Kinn vor?
- Überanstrenge ich meinen Hals, indem ich ihn ständig zu einer Seite hin drehe?
- Muß ich beim Fernsehen u. ä. den Kopf zur Seite drehen?
- Kaue ich nur auf einer Seite?

Was mache ich mit meinen Schultern?

- Ziehe ich die Schultern bis zu den Ohren hoch?
- Ist eine Schulter höher als die andere?
- Drücke ich die eine oder beide Schultern nach vorne?
- Halte ich krampfhaft Dinge fest: meinen Kugelschreiber,

das Steuerrad, das Bügeleisen, meine Werkzeuge, meine Stricknadeln usw.?

- Ziehe ich die Schultern hoch, oder halte ich den Kopf schief, wenn ich spreche, Geschirr spüle, Auto fahre usw.
- Verschränke ich meine Arme fest vor der Brust? (Wir tun dies, um uns vor der Außenwelt zu schützen, aber auch, um unsere Verletzungen und Ängste im Innern verborgen zu halten.)
- Sind meine Hände immer zu Fäusten geballt?
- Halte ich die Daumen in unnatürlicher Stellung?
- Drücke ich die Arme fest an die Seiten?
- Habe ich Angst, meine Atemmuskeln zu gebrauchen?
- Ziehe ich ständig den Bauch ein? (Das ist die Ursache vieler Probleme.)

Wenn ein Arzt einen Patienten untersucht, der an entzündetem Blinddarm leidet, zieht der Patient die Muskeln über der schmerzenden Stelle zusammen, damit der Finger des Arztes möglichst wenig Druck ausüben kann. Der Patient ist also auf der Hut. Ein Mensch mit seelischen Schmerzen verhält sich nicht anders.

Hören Sie auf die innere Stimme

Der unterhalb des Zwerchfells neben Magen und Leber gelegene Solarplexus ist eine Stelle, an der viele Nerven zusammenkommen. Diese Stelle wird oftmals als Gefühlszentrale bezeichnet. Im Volksmund wird häufig darauf Bezug genommen, denken Sie nur an Redewendungen wie: aus dem Bauch heraus entscheiden, einen Schlag in die Magengrube verspüren, etwas im Magen liegen haben usw. Verspannungen und Verkrampfungen im Bauchbereich können zu Magengeschwüren, Verstopfung und Menstruationsproblemen führen.

Wenn Sie innerlich gesund bleiben wollen, müssen Sie diese Muskeln entspannen. Obwohl natürlich alle Muskeln entspannt werden müssen, liegt das größte Augenmerk auf den Bauchmuskeln, denn sie sind obendrein für die Atmung zuständig. In Kapitel 16 erfahren Sie, wie wichtig eine richtige Atmung ist.

Übungen für den Solarplexus

Legen Sie sich dazu auf den Boden oder aufs Bett. Stellen Sie sich vor, Ihr Bauch sei das Meer und auf dem Meer schaukle ein Boot mit einem blauen Segel. Atmen Sie nun langsam durch die Nase ein, und heben Sie so das Boot in die Höhe. Lassen Sie dann das Boot wieder sinken, indem Sie langsam ausatmen. Atmen Sie nur einmal ein und aus, und machen Sie sich keine Sorgen, falls Ihr Herz ein wenig pocht.

Lassen Sie anschließend Ihre Hand ganz sachte 60mal im Uhrzeigersinn über Ihren Bauch kreisen. Dies ist eine hilfreiche Übung für Menschen mit Blähungen.

Was mache ich mit meinem Unterleib?

- Presse ich meine Schenkel zusammen, weil ich befürchte, nicht rechtzeitig aufs Klo zu kommen?
- Spanne ich meine Beckenmuskeln an, weil ich meine sexuellen Gefühle nicht zugeben will?
- Verkrampfe ich meine Beine beim Gehen, weil ich die fal-

schen Schuhe anhabe oder weil ich eigentlich gar nicht laufen will?

Der symmetrische Gebrauch des Körpers

Wenn Sie sich darüber klargeworden sind, welcher Teil Ihres Körpers am meisten verspannt ist, gilt es als nächstes aufzudecken, in welcher Weise Ihre Bewegungen die Anspannung fördern oder gar verursachen. Sorgen Sie dafür, daß Sie beide Seiten Ihres Körpers gebrauchen. Achten Sie darauf, ob Sie beispielsweise die Einkaufstasche immer auf der gleichen Seite tragen oder immer mit der gleichen Hand nach der Tasse im Schrank greifen.

Es ist überaus wichtig, die Muskeln ausreichend zu entspannen; Menschen mit psychischen Problemen können sich nicht einmal im Schlaf entspannen und klagen oftmals, daß ihnen alles weh tut. Nicht selten wachen sie am Morgen wie gerädert auf.

Massage

Wenn sich die Muskeln angespannt zusammenziehen, fehlen ihnen nicht nur wichtige Nährstoffe, sondern darüber hinaus werden die durch den Stoffwechsel produzierten Abfallstoffe nicht abtransportiert. Diese lagern sich in Form von Kristallen ab, geradeso wie Waschmittelrückstände in der Wäsche, wenn diese nicht genügend gespült wird. Aus diesem Grund verspüren wir Schmerz, wenn jemand unsere Schultern massiert. Wenn der Muskel gegen den Knochen gedrückt wird, kann man die Kristalle ertasten und fühlen. Wenn die Muskeln nicht bewegt werden, bleiben Steifheit und Schmerz bestehen. Bewegung sorgt für Anregung des Kreislaufs und Auflösung der Kristalle, aber schnellere Linderung erfahren Sie durch die Anwendung von Massage. Dazu brauchen Sie nicht unbedingt einen professionellen Masseur. Jeder kann eine einfache Massage durchführen – wenn man dabei einige wenige Regeln beachtet, kann man überhaupt nichts falsch machen.

- Massieren Sie niemals wunde Stellen oder Krampfadern.
- Wenden Sie bei entzündetem Gewebe niemals Druck an, sondern führen Sie nur sanfte Streichelbewegungen aus.
- Massieren Sie weder Vorderseite des Körpers noch Hals, Brust und Bauch.

Wenn Sie diese Regeln beachten, können Sie den Verstand abschalten, entspannen und den Rest Ihren Händen überlassen. Menschen, die schon lange verspannt sind, sind oftmals überrascht, daß ihr Nacken und ihre Schultern bereits nach einer kurzen Massage viel entkrampfter sind.

Nur wenige Menschen weigern sich, ihre Schultern zu entspannen, beispielsweise weil sie Angst haben, ohne ihre »Rüstung« zusammenzubrechen.

Arbeit an Nacken und Schultern

Es ist nicht notwendig, daß Sie den Menschen, den Sie massieren, kennen; mitunter ist es sogar hilfreich, wenn Sie ihn nicht kennen.

Wenn Sie regelmäßig einen Freund oder sogar mehrere Menschen massieren, werden Ihre Finger schon bald den Unterschied zwischen Muskeln vor und nach einer Massagesitzung spüren.

Anweisungen für den Betroffenen
Es gibt Menschen (in der Regel sind es diejenigen, die sich ihr Leben lang für andere aufgeopfert haben), denen es sehr schwer fällt, sich von anderen helfen zu lassen. Wichtig ist aber zu sein, und zwar ohne darüber nachzudenken. Stellen Sie sich vor, Sie seien eine Stoffpuppe. Ihrem Masseur ist es vollkommen egal, ob Sie Designerklamotten tragen oder nicht und wann Sie sich zum letzten Mal die Haare gewaschen haben. Er hat nur eines im Sinn: Ihnen zu helfen.

Anweisungen für die massierende Person
Seien Sie so entspannt wie nur möglich; atmen Sie aus, und lassen Sie Ihre Schultern sinken; geben Sie sich ganz dem Wunsch hin, Ihrem Gegenüber zu helfen. Vergewissern Sie sich, daß sein Rücken gerade ist, ohne verkrampft zu sein, drücken Sie seine Schultern nach unten, und sorgen Sie dafür, daß der Kopf richtig gelagert ist.

1. Stützen Sie seine Stirn mit einer Hand, und bewegen Sie die Kopfmuskeln mit der anderen Hand, gerade so, als wollten Sie ihm den Kopf waschen.
2. Stützen Sie die Stirn weiter; massieren Sie den unteren Teil des Kopfes mit kleinen kreisenden Bewegungen der Fingerkuppen.

3. Lassen Sie Ihre Finger nun zum Nacken hinunterwandern, und massieren Sie mit Daumen und Zeigefinger beidseitig in kreisenden Bewegungen.
4. Als nächstes legen Sie die Hände auf die Schultern und massieren mit Daumen oder Handballen in kreisenden Bewegungen; erkundigen Sie sich, ob die eine oder andere Stelle besonderer Aufmerksamkeit bedarf.
5. Stützen Sie nun den Oberkörper Ihres Partners mit einem Arm wie vorher seine Stirn mit der Hand, und ermutigen Sie ihn, sich ganz entspannt nach vorne sinken zu lassen. Mit der anderen Hand massieren Sie die eine Seite des Rückens entlang des Rückgrates (nicht aber das Rückgrat selbst) von oben nach unten und zurück. Massieren Sie genauso um das Schulterblatt herum. Wechseln Sie dann den stützenden Arm, und massieren Sie die andere Rückenseite.
6. Stellen Sie sich vor Ihren Partner hin, ergreifen Sie sein Handgelenk, und schütteln Sie seine Hand (es sei denn, er hat Schmerzen im Handgelenk); bitten Sie ihn dabei, sich einen nassen Pullover auf der Wäscheleine vorzustellen. Sie werden bald spüren, daß der Arm schwerer wird, wenn Ihr Partner »schwer« denkt. Schütteln Sie danach den Arm ein wenig, und verfahren Sie genauso mit dem anderen Arm und der anderen Hand.
7. Stellen Sie sich hinter Ihren Partner, lehnen Sie seinen Kopf gegen Ihre Brust, und streichen Sie mit Zeige- und Mittelfinger von der Mitte über die Augenbrauen nach außen.
8. Beenden Sie die Sitzung, indem Sie mit leichten und

schnellen Bewegungen vom Kopf über den Rücken und dann über Arm und Hände streichen.

Eine Kopf-und-Schulter-Massage kann müde machen. Ihr Partner braucht deshalb möglicherweise eine Ruhepause, bevor er sich Ihnen widmen kann.

Ein Mensch, der verspannt ist und täglich massiert wird, ist ein Glückspilz. Der therapeutische Wert der Massage ist inzwischen unbestritten. Auch die Aromamassage, d. h. eine Massage mit besonderen, auf den Patienten abgestimmten Aromaölen, hat sich in vielen Fällen als sehr hilfreich erwiesen.

Den Kreislauf ankurbeln

Wenn der Feuerwehrmann das Feuer bekämpft, ist sein Adrenalinspiegel hoch, doch weil er schwer arbeitet, wird das überschüssige Adrenalin abgebaut. Nach der Arbeit kann er abschalten. Es gibt aber Menschen, die so ängstlich sind, daß sie sich vor lauter Angst nicht bewegen, weil sie meinen, ihre Energie sparen zu müssen, um es über den Tag zu schaffen. Andere sagen: »Ich bekomme genügend Bewegung; ich bin so aufgedreht, daß ich wie ein kopfloses Huhn durch die Gegend renne.« Dabei ist das kopflose Herumrennen fast so schädlich wie der Mangel an Bewegung; der Adrenalinspiegel wird nicht abgebaut, weil er durch die Anspannung ständig wieder hochgepuscht wird.

Sorgen Sie für Bewegung

Wenn Sie unter Depressionen leiden, haben Sie möglicherweise so wenig Energie, daß Sie es kaum aus dem Bett schaffen. Wenn Sie jedoch genesen wollen, müssen Sie sich bewegen. Es wird Ihnen anfänglich furchtbar schwer fallen, aber die Mühe lohnt sich.

Übungen im Sitzen

1. Bringen Sie Ihren Kopf in die richtige Position, atmen Sie einmal tief ein und heben dabei Ihre Schultern. Dann öffnen Sie den Mund, atmen aus und lassen Ihre Schultern nach unten sinken. Stellen Sie sich vor, Sie wären ein Ballon mit einem kleinen Loch.
2. Atmen Sie ganz normal weiter, wobei Sie Ihre Schultern bis zu den Ohren hochziehen und sie dann wieder sinken lassen. Wiederholen Sie das Ganze achtmal.
3. Lassen Sie Ihre Arme locker hängen, und führen Sie mit jeder Schulter abwechselnd acht Kreisbewegungen im Uhrzeigersinn aus. Lassen Sie dann beide Schultern zusammen kreisen.
4. Strecken Sie beide Arme locker zur Decke, und lassen Sie sie dann locker nach unten fallen.
5. Strecken Sie die Finger aus, und lassen Sie dann die Zeigefinger achtmal in Uhrzeiger- und Gegenuhrzeigersinn kreisen.
6. Für die Beine lassen Sie die großen Zehen in gleicher Weise kreisen.
7. Wenn Sie nicht zu müde sind, stehen Sie jetzt auf und

vollführen irgendeine kreisende Bewegung, die Ihnen gerade einfällt.
8. Beenden Sie das Ganze mit der Übung »Nasser Hund«.

Lassen Sie es aber nicht dabei bewenden: Überlegen Sie, wie viele Dehnübungen Sie in Ihren Tagesablauf einbauen könnten. Sie können beispielsweise auf Zehenspitzen die Treppen hochgehen, um die Beinmuskulatur zu stärken, Sie können mit beiden Händen etwas aus dem Regal holen und, wenn die Arme oben sind, einen Moment innehalten und dann entspannen. Während Sie darauf warten, daß das Wasser kocht, können Sie lockere Schwimmübungen machen, auf der Stelle treten oder die Übung »Nasser Hund« machen. Bevor Sie in die Badewanne steigen, sollten Sie sich am Badewannenrand festhalten und ein paar Kniebeugen machen, beim Fernsehen können Sie Ihre Knöchel kreisen lassen oder Ihre Hände massieren.

Vor allem wenn Sie keine Zeit oder Lust haben, zu schwimmen, zu laufen, Yoga zu machen usw., sollten Sie im Laufe des Tages immer wieder solche kleinen Übungen machen. Führen Sie sich immer wieder vor Augen, was mit Ihrem Kreislauf passiert, wenn Sie sich nicht ausreichend bewegen.

Stimulieren Sie Ihre Haut

Wer unter Depressionen leidet, tut doppelt gut daran, den Kreislauf anzuregen, denn dadurch wird die Durchblutung des Gehirns angeregt, und der Körper scheidet Giftstoffe leichter aus.

Bürsten

Wenn Sie vor dem Baden oder Duschen den ganzen Körper mit einer trockenen Hautbürste abreiben, regen Sie nicht nur Ihren Kreislauf ganz vortrefflich an, sondern sorgen auch dafür, daß Giftstoffe abtransportiert werden und Ihre Haut besser durchblutet wird. Bürsten Sie nicht über empfindliche oder verletzte Haut, Muttermale und Hautunreinheiten. Schon nach ein paar Tagen werden Sie feststellen, daß rauhe Stellen an Knien, Füßen und Ellbogen glatter und weicher sind.

Wassertherapien

Schon im Altertum wurde Wasser als Heilmittel eingesetzt. Wir wissen ganz instinktiv um seine Heilkraft, sonst würden wir uns nicht in die Badewanne legen, um uns zu entspannen, und auch keine kalte Dusche nehmen, um uns anzuregen, wenn wir gar zu lustlos sind. Im Nachfolgenden erfahren Sie, was Sie sonst noch alles mit Wasser machen können.

Kalte Bäder

Die Heilkraft des Wasser, vor allem des kalten, für das Nervensystem und die Durchblutung ist schon im Altertum bekannt gewesen. Bei uns weiß man spätestens seit Pfarrer Kneipp, wie gesund und gleichzeitig wohltuend Kaltwasserbehandlungen sind. Natürlich kann sich derjenige glücklich schätzen, der eine ganze Kneipp-Kur machen kann (zu einer Kneipp-Kur gehören insgesamt fünf Elemente: die Hydrotherapie, die Bewegungstherapie, die Ernährungstherapie, der Gebrauch von Heilpflanzen, die Ordnungstherapie), aber auch zu Hause läßt sich mit Hilfe von Büchern kneippen. Kaltwasserbehandlungen fördern u. a. die Durchblutung und erhöhen damit den Sauerstoffgehalt im Blut. Aus diesem Grund können damit viele Beschwerden gelindert und geheilt werden, von Beschwerden wie Durchblutungsstörungen über chronische Müdigkeit bis hin zu hormonellen Störungen. Aber wie bei jeder Behandlung gibt es auch hier Risiken und Nebenwirkungen.

- Kaltwasserbehandlungen sollten nur nach ärztlicher Verordnung und nicht bei Herzkrankheiten, hohem Blutdruck und chronischen, medikamentös behandelten Beschwerden erfolgen.
- Versuchen Sie nicht, die Behandlung zu beschleunigen, indem Sie ihre Dauer erhöhen oder die Temperatur des Wassers verringern.
- Kaltwasserbehandlungen sind nicht geeignet für Kinder unter 13 Jahren. Sollten Kinder dennoch behandelt werden, darf dies nur unter ärztlicher Aufsicht geschehen.
- Während der Behandlung sollten Sie auf keinen Fall rauchen.
- Versuchen Sie auf keinen Fall, den Körper nach der Kaltwasserbehandlung durch ein heißes Bad oder eine heiße Dusche zu erwärmen.
- Die beste Möglichkeit, wieder warm zu werden, ist, sich schnell anzuziehen, etwas Heißes zu trinken und ein kohlehydrathaltiges Mahl einzunehmen, damit der Körper

die notwendige Energie hat, um den Anforderungen des erhöhten Stoffwechsels gerecht zu werden.

- Auf keinen Fall dürfen Sie sich nach der Kaltwasserbehandlung körperlich anstrengen. Bewegung sollte immer vor der Kaltwasserbehandlung erfolgen.

Die vier Stufen der Kaltwasserbehandlung

Stufe 1: Eintauchen der Füße in kaltes Wasser.
Stufe 2: Eintauchen des Unterkörpers in kaltes Wasser.
Stufe 3: Eintauchen des ganzen Körpers in kaltes Wasser.
Stufe 4: Wiedererwärmung.

Die Anwendung dauert 30 Minuten pro Tag, und die Temperatur des Wassers wird im Laufe von 80 Tagen ganz allmählich verringert.

Fußbäder

Wenn Ihnen die Vorstellung, sich in kaltes Wasser zu legen, nicht behagt, können Sie die Kaltwasseranwendung auf die Füße beschränken und auch daraus großen Nutzen ziehen. Die Haut der Füße ist mit unzähligen Nervenenden übersät, wie jeder weiß, der schon einmal in den Genuß einer Fußreflexzonenmassage gekommen ist. Eine tägliche zehnminütige Fußmassage, die jeder bei sich selber durchführen kann, ist ebenfalls sehr wirksam. Sie dient dem Nervensystem genauso wie der Entspannung und der Ausscheidung von Giftstoffen.

Wer seine Füße zum erstenmal massiert, wird feststellen, daß bestimmte Stellen empfindsamer sind als andere. Im Verlauf der Massage wird die Empfindsamkeit schwächer;

auch harte und rauhe Stellen werden mit zunehmender Massage weicher und geschmeidiger.

Ebensogut könnten Sie es mit Kaltwassertreten in der Badewanne versuchen (zur Sicherheit bitte immer auf rutschfester Unterlage), am Anfang allerdings nicht länger als drei bis fünf Minuten. Besser noch wäre es, barfuß am Strand entlang zu laufen, denn Wasser und Sand massieren Füße am besten. Auf diese Weise wird der Stoffwechsel angeregt, was wiederum für ein besseres allgemeines Wohlbefinden sorgt.

Entgiftung durch Wärme

Was dem einen die Kälte, ist dem anderen die Wärme. Das Ausschwitzen eines Fiebers ist die natürlichste Art der Entgiftung des Körpers, und Sie können den gleichen Effekt erzielen, wenn Sie sich in ein türkisches Dampfbad oder die Sauna begeben oder sich zu Hause ins Meersalz- oder Algenbad legen. Zu kaufen gibt es Meersalz und Algen inzwischen in jeder Apotheke und Drogerie. Nach dem Bad sollten Sie sich warm einwickeln und mindestens eine halbe Stunde lang ruhen.

Anmerkung des Verlags

Neben der Alexander-Technik (S. 140/141) ist auch die nur in Mitteleuropa bekannte Ismakogie eine wunderbar einfache, wohltuende Entspannungstechnik. Ebenso helfen auch die Autosuggestion und manche asiatische Lehre wie etwa Tai Chi und besonders Qigong, innere Spannungen und äußere Versteifung zu lindern. Bücher zu diesen Themen finden Sie im Literaturverzeichnis S. 188/189.

16. Hyperventilation

Hyperventilation bedeutet eine im Verhältnis zu den Anforderungen des Körpers gesteigerte Atemtätigkeit. Charakteristisch ist das schnelle Atmen im oberen Brustkorb mit häufigen deutlichen Veränderungen der Atemgeschwindigkeit und -tiefe. Da nur ein kleiner Teil der Lungenkapazität genutzt wird, führt diese Atmung zur Veränderung des Kohlendioxydspiegels im Blut, was eine ganze Reihe von Symptomen zur Folge hat. Diese Symptome können den meisten bekannten Krankheiten täuschend ähnlich sein und daher zu unzähligen erfolglosen Untersuchungen führen, ebenso können sie das Krankheitsbild verzerren, wenn eine echte organische Erkrankung vorliegt.

Wie Hyperventilation auf den Körper wirkt

Da die normale Tätigkeit eines jeden Systems im Körper von der richtigen Mischung von Sauerstoff und Kohlendioxyd im Blut abhängt, läßt sich unschwer erkennen, warum ein »Ungleichgewicht« wie die Hyperventilation solche Probleme verursacht. Während man früher der Meinung war, Angst sei der Auslöser der Hyperventilation, weiß man heute, daß es auch umgekehrt sein kann: ein Experte auf diesem

Gebiet schreibt, daß die Angst Folge der Symptome sei und Patienten gesunden können, wenn sie ihre falsche Atmung korrigieren. Ein anderer spricht davon, daß Angst nicht die Ursache, sondern nur der Auslöser sei. Auf jeden Fall gilt, daß die Hyperventilation bezeichnend für viele Neurosen ist, vor allem für Panikattacken und Phobien.

Symptome der Hyperventilation

- Allgemeine Erschöpfung
- Gliederschmerzen
- Panikattacken
- Unwirklichkeitsgefühl
- Entpersönlichung
- Schwindel
- Mattigkeit
- Reizbarkeit
- Depression
- Angst
- Gedächtnisschwäche
- Konzentrationsschwäche
- Kurzatmigkeit
- Kribbeln in Händen und Füßen
- Schluckbeschwerden
- Schmerz in der Brust
- Schmerzen in Nacken und Schultern
- Aufstoßen (mit Flüssigkeit)
- Darmbeschwerden in Verbindung mit Blähungen
- Allergien
- Schlafstörungen
- Sehstörungen
- Empfindlichkeit gegenüber Licht und Ton
- Geräusche in den Ohren (Tinnitus)
- Empfindlichkeit gegenüber Alkohol
- Geringeres Schmerzempfinden

Wahrscheinlich kommt Ihnen einiges auf dieser Liste bekannt vor.

Hyperventilation erkennen

Eine schwere Hyperventilation erkennt man relativ einfach an unregelmäßigen, laut hörbaren, kurzen Atemzügen, wobei sich der Brustkorb sichtbar hebt, der Bauch jedoch unbeteiligt bleibt. Der oder die Betroffene hat das Bedürfnis, hin und wieder tief Luft zu holen, hat jedoch Schwierigkeiten, wieder auszuatmen. Ein gelegentlicher Seufzer scheint Linderung zu verschaffen.

Chronische Hyperventilation ist weniger leicht zu diagnostizieren, weil man sie weder sehen noch hören kann: Der oder die Betroffene atmet leise und flach ein, wobei die Atembewegung im oberen Teil des Brustkorbs stattfindet.

Häufig sind die Betroffenen nicht bereit, sich einzugestehen, daß ihre Atmung die Ursache ihrer Symptome ist: »Ich atme doch schon immer so, warum soll ich jetzt dadurch plötzlich krank sein?« Der konsultierte Arzt kann den Patienten während der Untersuchung dazu auffordern, schneller zu atmen; das sofortige Auftreten seiner Symptome – Kribbeln, Panik usw. – dürfte ihm die Ursache seiner Beschwerden schnell vor Augen führen.

Wie kommt es zur Hyperventilation?

Es gibt mehrere Auslöser: Anspannung, Depression, Gefühl der Enge im Brustkorb, verstopfte Nase, Allergien, enge Kleidung, verkrampfte Haltung, Verschränken der Arme vor der Brust, körperliche Schmerzen, Unterdrückung von seelischem Schmerz.

Achten Sie auf Ihre Atmung

Üben Sie sich in Geduld, denn es wird einige Zeit dauern, wahrscheinlich mehrere Wochen, bis Sie sich eine bessere Atmung angewöhnt haben. Um sich ein Bild Ihrer Atmung zu machen, sollten Sie eine Uhr mit Sekundenzeiger zu Hilfe nehmen und die Zeitdauer Ihrer Atemzüge stoppen, nachdem Sie sich ungefähr zehn Minuten lang ausgeruht haben. Einmal ein- und ausatmen gilt als ein Atemzug. Überprüfen Sie zuerst, wie oft Sie in 30 Sekunden ein- und ausatmen, dann in 60 Sekunden. Wenn Sie in einer Minute 16mal oder häufiger atmen, sollten Sie die nachstehenden Übungen machen. Für den Fall, daß Sie Schwierigkeiten haben, Ihre Atemzüge zu zählen, bitten Sie ein Familienmitglied, am besten dann, wenn Sie sich unbeobachtet fühlen. Sollten Sie die Übungen langweilig finden, können Sie ohne weiteres das Radio einschalten und eine Ihrer Lieblingssendungen hören, solange Sie die Übung machen. Worauf es ankommt, ist, daß Sie die Übungen machen – Sie werden sehen, es lohnt sich.

Atemübungen

Üben Sie langsam und behutsam, nicht hektisch und gewaltsam. Nehmen Sie sich pro Tag zweimal eine halbe Stunde Zeit, am besten nach dem Frühstück und vor dem Abendessen. Vor allem, wenn Sie unter schwerwiegenden Symptomen, Panik oder Agoraphobie leiden, reichen gelegentliche Fünf-Minuten-Übungen nicht aus. Setzen Sie sich bequem auf einen Stuhl, oder, besser noch, legen Sie sich aufs Bett oder den Fußboden, und achten Sie auf locker sitzende Kleidung. Wenn Sie ein paarmal geübt haben, können Sie die Übungen überall machen, sogar wenn Sie in der Warteschlange stehen.

1. Legen Sie eine Hand auf den Bauch, die andere auf den Brustkorb. Die Hand auf Ihrem Brustkorb sollte sich möglichst nicht bewegen. Die Hand auf Ihrem Bauch dagegen hebt und senkt sich bei jedem Atemzug.
2. Atmen Sie durch die Nase aus (ohne daß Sie sich dabei anstrengen) und lassen dabei den Bauch sinken.
3. Atmen Sie langsam durch die Nase ein, wobei sich der Bauch hebt. Versuchen Sie etwas langsamer aus- als einzuatmen.
4. Versuchen Sie dahin zu gelangen, daß Sie zwischen acht- und zwölfmal in der Minute atmen.

Das Ziel ist, langsam durch den Bauch zu atmen. Wenn Sie zu tief atmen, kann es passieren, daß Ihnen schwindlig wird oder Ihr Herz schneller schlägt. Daran erkennt man, daß nicht nur ein niedriger Kohlendioxydspiegel die Symptome hervorrufen kann, sondern auch eine rasche Änderung des Sauerstoff- und Kohlendioxydspiegels. Lassen Sie sich dadurch aber nicht verwirren, fangen Sie, wenn nötig, einfach noch einmal von vorne an.

Panikattacken – Abhilfe durch richtige Atmung

Wenn Sie bei jeder Panikattacke denken: »Ich sterbe, mir wird schlecht, ich werde ohnmächtig, ich werde mich naß machen« und ähnliches, lösen Sie dadurch nur weitere Panikattacken aus. Der Körper produziert dann noch mehr Adrenalin und noch mehr Angst. Wenn Sie Ihrem Körper dagegen beibringen, Ihrem Gehirn die richtigen Botschaften zu vermitteln, sind Sie in der Lage, diese Kettenreaktion zu unterbrechen. Kreisen Ihre Gedanken um »Panik, Panik, Panik«, müssen sie durch »atmen, atmen, atmen« ersetzt werden.

Erste Hilfe bei Panikattacken

Da die Symptome der Panikattacke hauptsächlich durch zuviel Sauerstoff im Blut ausgelöst werden, sollte es Ihr oberstes Ziel sein, den Sauerstoffspiegel zu senken. Atmen Sie langsam und ruhig aus, und legen Sie die Hände um Nase und Mund. So sorgen Sie dafür, daß Sie nicht zuviel Sauerstoff einatmen und dadurch das Kohlendioxyd verdrängen.

Zu Hause können Sie eine Papiertüte – niemals eine Plastiktüte! – über Nase und Mund halten. Es wäre falsch, in die Tüte zu blasen oder zu schnauben – atmen Sie statt dessen einfach ruhig ein und aus, und Sie werden sehen, daß sich Ihre Atemzüge verlangsamen, sobald Sie das zuvor ausgeatmete Kohlendioxyd wieder einatmen. Genauso hilft es, wenn Sie sich das Gesicht mit kaltem Wasser bespritzen oder einen kalten Waschlappen auf Nase und Wangen legen. Es muß kein Eisbeutel sein, an seiner Stelle genügen ein paar gefrorene Erbsen, die in ein Geschirrtuch gewickelt werden.

Der Atmung gilt also die oberste Aufmerksamkeit. Als nächstes sollten Sie baldmöglichst etwas Süßes essen oder trinken; in Kapitel 17 erfahren Sie, wie wichtig ein konstanter Blutzuckerspiegel ist und wie die Zufuhr von Zucker als Erste-Hilfe-Maßnahme bei Panikattacken eingesetzt wird. Zum Schluß sollten Sie eine richtige Mahlzeit zu sich nehmen und sich ausruhen.

Mehr zum Thema Panikattacken erfahren Sie in meinem Buch *Angstzustände und Panikattacken erfolgreich meistern* und in den beiden ausgezeichneten Büchern *Hyperventilation – wenn der Atem rast* von Dina Bradley sowie *Traumatische Störungen überwinden und heilen* von Frank Parkinson (siehe Literaturverzeichnis S. 188/189).

17. Unterzucker und psychische Störungen

Was ist Unterzucker?

Von Unterzucker, im Fachjargon Hypoglykämie, spricht man, wenn der Blutzuckerspiegel im Blut ungewöhnlich niedrig ist. Die Nahrung, die wir zu uns nehmen, wird durch den Verdauungsapparat in Glukose umgewandelt, und unser Körper nutzt die dadurch gewonnene Energie zu seiner Erhaltung. Es ist genau wie beim Auto, in dessen Tank wir Benzin füllen.

Manche Menschen sind der Meinung, es genüge, viel Süßes zu essen, um viel Energie zu haben und den Blutzuckerspiegel auf einem Normalmaß zu halten. Leider befinden sie sich im Irrtum, denn das Gegenteil ist wahr: Wer psychische Probleme hat, muß sogar auf Süßes verzichten.

Unterzucker ist das Gegenteil von Diabetes, einer Erkrankung, bei der die Bauchspeicheldrüse nicht ausreichend Insulin produziert. Insulin sorgt dafür, daß die Nahrung, die wir zu uns nehmen, in Energie umgewandelt wird. Beim Blutunterzucker verhält es sich genau umgekehrt. Die Bauchspeicheldrüse ist überaktiv, in der Regel aufgrund von nervöser Erschöpfung, und produziert zuviel Insulin. Aus diesem Grund wird die Nahrung, die wir verzehren, viel zu schnell verbrannt, und der Körper ist nicht in der Lage, den notwendigen Glukosespiegel zu bewahren, um normal zu funktionieren.

Die Folgen sind unangenehme körperliche Symptome wie Herzklopfen und Schwindelgefühle. Und weil auch das Gehirn keine Glukose speichert, kommt es zu Angst, Depressionen, Panikattacken und neurotischem Verhalten.

Ist Unterzucker eine Krankheit?

Unterzucker an sich ist keine Krankheit, es gibt jedoch Untersuchungen, die bestätigen, daß unbehandelter Unterzucker Wegbereiter für so manche chronische Erkrankung sein kann, darunter Arthritis, Magengeschwüre, Migräne, Allergien und Diabetes. In den meisten Fällen ist die Disposition zum Unterzucker ererbt.

Unterzucker läßt sich leicht heilen. Betroffene müssen lediglich ihre Eßgewohnheiten verbessern und möglicherweise alles etwas langsamer angehen.

Die häufigsten Symptome bei Unterzucker

Die Erkennung der Symptome und die Behandlung des zugrunde liegenden Problems hat schon vielen Menschen geholfen. Ihre Panikattacken sind verschwunden, sie sind plötzlich voller Energie, ihre Konzentrationsfähigkeit hat zu genommen, und ihr Heißhunger auf Süßes, Brot oder Alkohol ist so gut wie verschwunden.

- Unscharfes Sehen
- Kopfschmerzen
- Ohnmachtsanfälle
- Epilepsie
- Migräne
- Schläfrigkeit
- Gelblicher Teint
- Reizbarkeit
- Konzentrationsschwäche
- Panikgefühle
- Mangel an Koordination
- Alkoholismus
- Hyperaktivität
- Unbestimmte Angst
- Depressionen
- Verdauungsstörungen
- Schmerzen in der Brust
- Herzklopfen
- Inneres Zittern
- Zuviel Magensäure
- Übergewicht
- Heißhunger
- Kettenrauchen
- Allergien
- Prämenstruelle Beschwerden
- Fehlende Libido
- Kalte Hände und Füße
- Verspannte Muskeln
- Steife Gelenke
- Asthma

Weitere mögliche Symptome sind Lustlosigkeit am Morgen, Gefühl der Schwäche und Verwirrung am Vormittag oder Nachmittag, Heißhunger auf Süßes etwa eine Stunde nach einer Mahlzeit, Schlaflosigkeit, verbunden mit Hunger und Angst, zwischen zwei und drei Uhr morgens.

Natürlich können sämtliche Symptome auch durch andere Ursachen ausgelöst werden. Sollte sich auch nach einer Veränderung Ihrer Eßgewohnheiten keine Besserung einstellen, liegt Ihr Problem höchstwahrscheinlich woanders, und Sie sollten einen Arzt aufsuchen.

Gründe für Unterzucker

Verschiedene Ursachen sind möglich: nervliche Anspannung, Unterfunktion der Hypophyse, der Schilddrüse, der Nebennierenrinde, dauerhafte schwere körperliche Anstrengung, unzureichende Ernährung, übermäßiger Verzehr von Kohlenhydraten (Zucker, Süßigkeiten, Schokolade, Kuchen, Kekse, Brot), Genuß von Alkohol und gezuckerten Getränken, Einnahme von Suchtmitteln einschließlich Kaffee, Zigaretten, Straßendrogen, Antibabypille, Steroide, Tranquilizer, Schlaftabletten, Betablocker. Achtung: Befragen Sie stets Ihren Arzt, wenn Sie verschriebene Medikamente absetzen wollen.

Anhand der Liste ist unschwer zu erkennen, daß es relativ leicht ist, den Blutzuckerspiegel durcheinanderzubringen, und gerade deshalb ist das Problem mit dem Blutzucker so weit verbreitet. Verstärkt wird es auch durch die immer häufigere Einnahme von Tabletten und den Verzehr von »Junkfood«, d.h. Müllmampf. Da die Symptome schwerwiegend sein können, wird der Blutunterzucker oftmals mit einer schweren Krankheit verwechselt, und die Betroffenen müssen ebenso wie bei der Hyperventilation unnötig viele Untersuchungen über sich ergehen lassen.

Natürlich könnte man einwenden, daß jedes Gefühl eine körperliche Ursache hat, aber genauso wie bei der Hyperventilation stellt sich die Frage, ob zuerst das Ei oder die Henne da war. Ist der Unterzucker eine Folge der nervlichen Anspannung, oder ist es gerade umgekehrt? Es gibt ausreichend Hinweise darauf, daß die körperlichen Veränderungen den gefühlsmäßigen (Stimmungsschwankungen, Panikattacken usw.) vorausgehen, und wenn man es sich genau überlegt, ergibt dies auch Sinn. Eine Störung des Stoffwechsels muß notwendigerweise Veränderungen in der Persönlichkeit zur Folge haben.

Unterzucker als Ursache für Panikattacken

Panikattacken sind bei weitem die unangenehmsten Symptome des Unterzuckers. Sie entstehen folgendermaßen: Bei der Verdauung von ausgewogenen Mahlzeiten sorgt der Körper dafür, daß der Blutzuckerspiegel normal bleibt. Wird dem Körper hingegen zu wenig Nahrung zugeführt, sinkt der Blutzuckerspiegel. Damit unser Nervensystem, unsere Muskeln usw. trotzdem funktionieren, muß der Körper seine »Reserven« angreifen, d. h., er muß auf die Glukose zurückgreifen, die in der Leber gespeichert ist. Der Magen schreit: »Hilfe, mein Tank ist leer«, und das Gehirn reagiert darauf, indem es einen chemischen Botschafter (natürlich das Adrenalin) ausschickt, um die gespeicherte Nahrung, die Glukose, in der Leber freizusetzen. Ich habe bereits mehrfach darauf hingewiesen, daß zuviel Adrenalin viele unangenehmen Gefühle, einschließlich Panikattacken, hervorrufen kann.

Vielen Menschen fällt es ungemein schwer, einzusehen, daß sie eine Panikattacke durch falsche oder unzureichende Ernährung selbst auslösen. Genauso schwer fällt es ihnen, zu begreifen, daß eine Ernährung, die hauptsächlich aus raffinierten Kohlehydraten (Süßigkeiten, weißes Brot usw.) besteht, oft mehr Schaden anrichtet als gar kein Essen.

In Kapitel 16 habe ich bereits darauf hingewiesen, daß der Kohlendioxydgehalt im Blut keineswegs furchtbar niedrig sein muß, um schwerwiegende Symptome wie Panik auszulösen; auch ein plötzlicher Abfall kann ernsthafte Folgen haben, selbst wenn das Normalmaß dabei nicht unterschritten wird. Genauso verhält es sich mit dem Blutzuckerspiegel: Die Veränderung ist der entscheidende Faktor. Es ist allgemein bekannt, daß eine schwere Panikattacke und andere Symptome bereits ausgelöst werden können, wenn der Blutzuckerspiegel sich nur am unteren Rand des Normalwertes bewegt.

Wen Sie gesüßte Speisen zu sich nehmen, vor allem wenn Sie hungrig sind, schüttet die Bauchspeicheldrüse (die ohnehin schon zappelig ist und sich in höchster Alarmbereitschaft befindet) mehr Insulin als notwendig aus, um mit dem Zucker fertig zu werden. Die Folge davon ist ein rapider Abfall des Blutzuckerspiegels und ein Anstieg des Adrenalins.

Beispiele

June kam tränenüberströmt in die Gruppensitzung, weil sie, wie sie sagte, eben eine Panikattacke gehabt hatte. Sie könne jedoch keineswegs durch Unterzucker ausgelöst worden sein, denn sie habe zu Mittag gegessen. Als sie erzählte, daß das Mittagessen aus Toast und Kuchen, zwei Tassen schwarzem Kaffee und einer Zigarette bestanden hatte, war zumindest den anderen Gruppenmitgliedern klar, was sie getan hatte. Sie halfen June, das Muster zu erkennen, das sich hinter ihren Panikattacken verbarg: Donnerstag abends ging sie üblicherweise mit ihren Freundinnen aus, dabei genehmigte sie sich zwei Gin Tonic, gefolgt von Kaffee und Kuchen. Während der Woche bestand ihr Abendessen zwar aus einer »richtigen« Mahlzeit, aber sonntags aß sie mit ihrer Mutter zu Abend, wobei sie Sandwiches, Häppchen, Kuchen und Kekse verspeiste. Als sie Donnerstag abends auf ein Glas trockenen Weißwein, Käse und Knäckebrot umstellte und sonntags auf Thunfischsalat mit Vollkornbrot, verschwanden ihre Panikattacken.

Beachten Sie: Wenn Ihr Blutzuckerspiegel schwankt, ist es leicht möglich, daß sich die unangenehmen Folgen erst am nächsten Morgen oder mitten in der Nacht bemerkbar machen.

Julian litt seit sieben Monaten unter Panikattacken. Begonnen hatte es, als er mit dem Rauchen aufhörte. Er achtete sehr genau auf seinen Blutzuckerspiegel, da er auch vermutete, daß ausgiebige Mahlzeiten die Ursache für seine Migräne waren. Nach vier Wochen war er überzeugt, den Kern des Übels gefunden zu haben. Er hatte nur drei Panikattacken gehabt; sie waren weniger heftig als zuvor, und zwei davon waren aufgetreten, nachdem er Bier getrunken und sein Abendessen zu spät eingenommen hatte. Auch seine Kopfschmerzen hatten sich gebessert.

Wer ist besonders anfällig für Unterzucker?

Jeder hat irgendwann im Leben Unterzucker. Denken Sie bloß an das gereizte, in Tränen aufgelöste Kind, das glücklich und zufrieden strahlt, sobald es etwas gegessen hat, oder an Ihr zittriges Gefühl, das mit der morgendlichen Pause verschwand. Auch ein Kater am Morgen ist größtenteils auf Unterzucker zurückzuführen.

Menschen, die abnehmen, Sportler und nervöse Menschen sind in der Regel anfälliger für Unterzucker.

Sucht und Unterzucker

Viele Suchtmittel, auch Alkohol, Zigaretten, Tranquilizer und Schlaftabletten, treiben den Blutzuckerspiegel künstlich in die Höhe. Wird die Zufuhr davon nun verringert, fällt auch der Blutzuckerspiegel ab. Oft kommt es zu einer Verwechslung der Symptome von Entzug und Unterzucker, da beidesmal Kopfschmerzen, Angst, Depression, Zittern usw. auftreten können. Auch wenn es schwierig ist, die Symptome auseinanderzuhalten, so ist doch eindeutig, daß Menschen, die Suchtmittel absetzen und sich gleichzeitig gesund ernähren, nicht nur weniger unter Entzugserscheinungen leiden, sondern den Entzug auch sehr viel häufiger schaffen, ohne auf Ersatzdrogen umzusteigen. So steigen Menschen, die Alkohol aufgeben, nicht selten auf Tranquilizer um und umgekehrt.

Vor allem für Menschen, die aus Familien stammen, in

denen Erkrankungen in Verbindung mit Unterzucker bekannt sind (Asthma, Arthritis, Allergien usw.), ist es besonders wichtig, sich gesund zu ernähren. Sie sollten mit der sogenannten Unterzuckerdiät bereits drei bis vier Wochen vor der Aufgabe des Rauchens, Trinkens oder dem Absetzen von Tranquilizern und Schlaftabletten beginnen.

Die Unterzuckerdiät

Mit der nachfolgenden Ernährung halten Sie Ihren Blutzuckerspiegel stabil. Sollte Ihnen Ihr Arzt jedoch bereits eine andere Diät verschrieben haben, konsultieren Sie ihn, bevor Sie zu dieser Diät wechseln.

Grundregeln der Diät

Oberstes Gebot ist es, Nahrungsmittel zu meiden, die rasch ins Blut übergehen, um so ein schnelles Absinken oder Ansteigen des Blutzuckerspiegels zu vermeiden.

Kohlenhydrate

Meiden Sie raffinierte Kohlenhydrate, oder essen Sie zumindest weniger davon: Zucker, Süßigkeiten, Schokolade, weißes Brot, Weißmehl, Kucken, Kekse, Alkohol, gesüßte Getränke, Junkfood.

Nehmen Sie statt dessen nichtraffinierte (vollwertige) Kohlenhydrate zu sich, dazu gehören Vollwertmüslis – Weizen, Hafer, Gerste, Reis, Roggen, Hirse.

Verzichten Sie auf Fertigmüslis, und bereiten Sie statt dessen Ihr eigenes Müsli aus Haferflocken, Nüssen, Sonnenblumen-, Kürbiskernen und Sesamsamen sowie Trockenobst (Rosinen, Aprikosen usw.) zu. Wenn Sie bisher »Plastikbrot« gegessen haben, sollten Sie es ab sofort mit Vollkornbrot probieren, es wird Ihnen sicher schmecken.

Eiweiß

Tierisches Eiweiß ist in Fleisch, Fisch, Geflügel, Käse, Eier, Milch, Quark und Joghurt enthalten, pflanzliches Eiweiß in Nüssen, Samen, Hülsenfrüchten und allen Gemüsesorten.

Nicht genau geklärt ist, wieviel Eiweiß der Mensch täglich braucht. Frühere Diäten für Unterzucker empfahlen viel Eiweiß. Zweifellos läßt sich damit der Blutzuckerspiegel regulieren, aber jüngere Untersuchungen haben gezeigt, daß zuviel konzentriertes Eiweiß ebenfalls nicht bekömmlich ist und sich der Blutzuckerspiegel auch durch kleinere Mengen, besonders in Verbindung mit viel rohem Gemüse, konstant halten läßt.

Gemüse und Obst

Essen Sie viel Gemüse. Auf diese Weise führen Sie Ihrem Körper ausreichend lebenswichtige Mineralien und Vitamine sowie Ballaststoffe zu. Manche Menschen übertreiben es mit den Ballaststoffen – sie reichern sämtliche Speisen mit Kleie an. Ich halte davon nichts, denn dies kann zu einer Darmreizung führen und die Aufnahme einiger Mineralien verhindern. Besser wäre es, Gemüse zu essen.

Essen Sie auch viel Obst. Obst enthält zwar viel Zucker, allerdings in Form von Fruktose, die auch ohne Insulin verdaut werden kann. Aus diesem Grund ist Obst das ideale Nahrungsmittel zur Beruhigung der Bauchspeicheldrüse.

Fette

Auch die übermäßige Sorge um den Cholesterinspiegel ist unbegründet. Wenn Sie nächstes Mal geschmacklose Margarine (die ohnehin voller gräßlicher Zusatzstoffe ist) aufs Brot schmieren, sollten Sie daran denken, daß es schädlicher ist, kein rohes Gemüse und Obst zu essen als kleine Mengen Butter. Denken Sie auch daran, daß bestimmte Nahrungsmittel, dazu gehören Zwiebeln, Knoblauch, Äpfel und Olivenöl, den Cholesterinspiegel tatsächlich senken. Olivenöl ist darüber hinaus wunderbar für das Immunsystem, das körpereigene Abwehrsystem gegen Krankheiten.

Die Diät

Nach dem Aufstehen	Ein kleines Glas ungesüßten Obstsaft, eine halbe Grapefruit oder eine Orange
Frühstück	Mehr Obstsaft oder Obst und zusätzlich entweder ein herzhaftes Frühstück, bestehend aus Wurst, Käse, einem Ei und Gemüse wie Tomaten oder Pilzen, einer Scheibe Vollkornbrot, zwei Scheiben Knäckebrot, Butter oder Haferflockenbrei mit Rosinen oder Vollkornmüsli mit Nüssen, Samen

	(Kürbis- und Sonnenblumenkerne) oder Natur-Joghurt mit frischem Obst und Nüssen. Den Joghurt kann man mit Zimt, Ingwer oder zerstoßenem Kardamon würzen. Schwacher Tee, nach Geschmack mit Milch, oder eine Tasse schwachen Kaffee
Zwei Stunden nach dem Frühstück	Zwischenmahlzeit, bestehend aus Obst, Joghurt, Nüssen, Milch
Mittagessen	Ein eißweißhaltiges Gericht: warmes oder kaltes Fleisch, Fisch, Käse, Eier, Huhn, Sardinen, Thunfisch usw. Dazu viel Salat oder Gemüse, eine Scheibe Vollkornbrot oder zwei Scheiben Knäckebrot
Zwei bis drei Stunden nach dem Mittagessen	Schwacher Tee, Milch, Knäckebrot mit Hüttenkäse oder Quark oder wenig gesüßter Marmelade
Eine halbe bis eine Stunde vor dem Abendessen	Ein Glas Obstsaft
Abendessen	Wie Mittagessen, zusätzlich Obst, Knäckebrot mit Butter und Hüttenkäse, schwacher Tee, Kräutertee

Dieser Ernährungsplan scheint auf den ersten Blick ziemlich umfangreich, aber vergessen Sie nicht, daß es nicht nötig ist, große Mengen zu sich zu nehmen – besser ist es, weniger und öfter zu essen.

Achten Sie darauf, daß die neue Ernährungsweise nicht ein weiterer Streßfaktor in Ihrem Leben wird. Sobald sich Ihre Symptome verbessern, können Sie sich hin und wieder etwas Besonderes gönnen, ein Glas Weißwein beispielsweise oder ein Stück Kuchen. Viele Menschen haben zunächst einen Heißhunger auf Süßes und leiden unter Gliederschmerzen und anderen Entzugssymptomen. Diese sind aber nach ein paar Tagen verschwunden. Von anderen wiederum weiß ich, daß sie mit dieser Ernährung mehr Energie haben als je zuvor. Wenn sie, nachdem sie die psychischen Störungen losgeworden sind, zu ihrer alten Ernährung zurückkehren, stellen sie nicht selten fest, daß ihnen das einst geliebte Junkfood gar nicht mehr schmeckt und sie frisches Gemüse und Obst vorziehen.

Wichtige Regeln

Lassen Sie keine Mahlzeit aus. Essen Sie regelmäßig.

Meiden Sie zuckerhaltige Speisen und Getränke sowie weißes Mehl.

Reduzieren Sie den Konsum von Kaffee, Zigaretten und Alkohol.

Nehmen Sie zum Frühstück immer etwas Eiweißhaltiges zu sich.

Essen Sie nie nur ein stärkehaltiges Nahrungsmittel (Brot, Kuchen, Müsli).

Übergewicht

Wenn Sie übergewichtig sind, sollten Sie mit der oben beschriebenen Ernährungsweise ganz natürlich Gewicht verlieren, da Sie weder zuviel Fett noch zu viele Kohlenhydrate zu sich nehmen. Wenn Sie wider Erwarten nicht abnehmen, können Sie die Menge, die Sie bei jeder Mahlzeit zu sich nehmen, reduzieren; auf keinen Fall sollten Sie eine Mahlzeit auslassen, denn lange Strecken zwischen Mahlzeiten führen lediglich dazu, daß sich ein Heißhunger auf alles entwickelt, was Sie nicht essen sollen. Wenn Sie auch nach mehreren Wochen nicht abnehmen, sollten Sie Ihren Arzt befragen; möglicherweise hat Ihr Übergewicht noch andere Ursachen, zum Beispiel eine Schilddrüsenunterfunktion.

Untergewicht

Manche Menschen, die in der Vergangenheit viel Fett und viel Zucker zu sich genommen haben, nehmen mit diesem Diätplan zunächst ab, bevor sie wieder zunehmen. Wenn Sie zunehmen wollen, sollten Sie mehr Kartoffeln, Brot und Reis essen und Milch trinken und alles langsamer angehen. Auf diese Weise werden Sie sicher zunehmen. Wenn Sie stetig abnehmen, sollten Sie unbedingt mit Ihrem Arzt darüber sprechen. Vorher sollten Sie Ihrem Körper jedoch ausreichend Zeit einräumen, sich auf die neue Ernährung umzustellen.

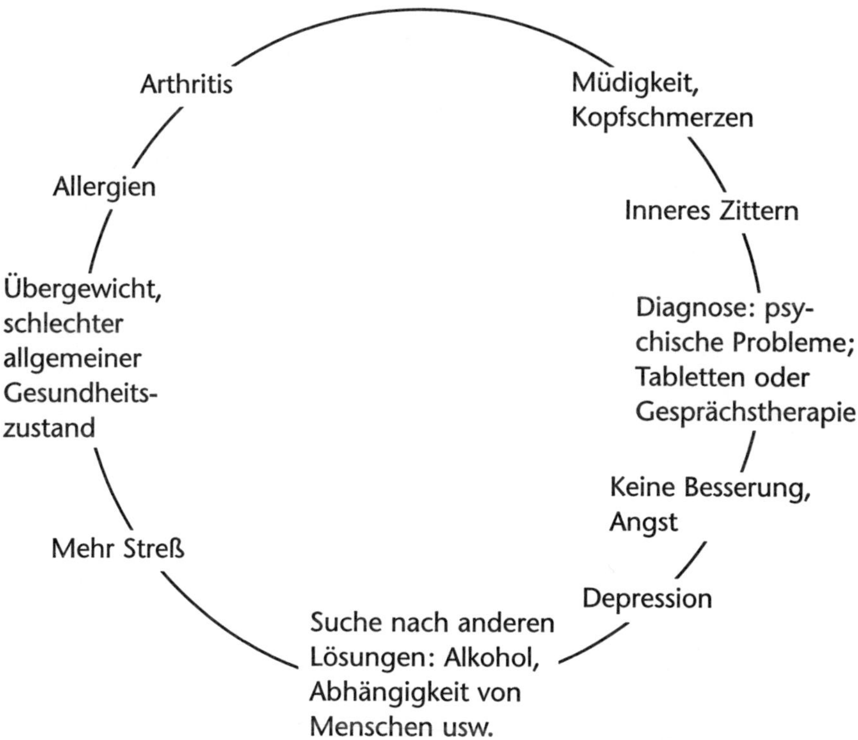

Der Kreislauf des falsch diagnostizierten Unterzuckers

18. Schnelle Abhilfe bei Angst und Depression

Depressionen

1. Bewegen Sie sich, und bringen Sie Ihren Kreislauf in Schwung.
2. Bleiben Sie nicht im Bett liegen; stehen Sie jeden Tag um die gleiche Zeit auf (spätestens um neun Uhr morgens).
3. Wenn Sie es nicht schaffen, viel zu tun, tun Sie wenig; Sie können die Sache am nächsten Tag zu Ende bringen.
4. Essen Sie regelmäßig und gesund.
5. Versuchen Sie, in der hellsten Zeit des Tages 20 Minuten lang zu gehen; tragen Sie keine getönten Gläser. Wenn Sie auf keinen Fall laufen können, setzen Sie sich ans offene Fenster.
6. Machen Sie regelmäßig Gymnastik; zwingen Sie Ihre schweren Glieder, sich zu bewegen; machen Sie Atemübungen.
7. Gehen Sie früh schlafen.

Jeder Tag bringt einen kleinen Fortschritt. Glauben Sie daran, es funktioniert.

Angst

1. Gehen Sie alles langsamer an.
2. Machen Sie vor dem Essen eine kleine Entspannungsübung, und essen Sie gesund und regelmäßig.
3. Machen Sie zwischendurch eine kleine Pause.
4. Machen Sie Atemübungen.
5. Sorgen Sie für ausreichend frische Luft und wenn möglich Bewegung an der frischen Luft.
6. Nutzen Sie die Kraft der Selbstgespräche.
7. Gehen Sie früh schlafen.

19. Die Seele

Ein fröhlich Herz tut auch
dem Körper gut, den Leib dörrt
aus ein kummervoll Gemüt.
Sprüche, 17,22

Ich habe mir dieses Kapitel bis zum Schluß aufgespart, weil ich mir gut vorstellen kann, daß mancher Leser sich denkt: »Wenn sie jetzt von Gott anfängt, dann klapp' ich das Buch gleich zu.«

Außerdem ist es schwer, etwas zu vermitteln, das ich nur intuitiv erfahren und nicht auf der Schule oder Universität gelernt habe. Es wäre schön, wenn ich Ihnen so wie vorher sagen könnte: »Essen Sie dies, und Sie werden sich besser fühlen, und atmen Sie so, und Ihre Panikattacken werden schwächer werden.« Statt dessen kann ich hier nur das wiedergeben, was ich fühle und miterlebt habe. Da ich ausschließlich den christlichen Weg zu Gott kenne, und auch diesen eher mit dem Herzen als mit dem Verstand, bitte ich die Mitglieder anderer Religionen um Verständnis und Verzeihung.

Nicht selten machen Menschen, die an einer psychischen oder anderen Krankheit leiden, während ihrer Erkrankung die Erfahrung, daß es noch etwas anderes gibt als ihren Körper und die Welt, in der sie leben. Sie finden zurück zum

Glauben und erfahren Gottes Liebe zum erstenmal, und mitunter kommt es vor, daß von diesen Menschen, obwohl sie körperlich noch sehr schwach sind, ein Leuchten und Strahlen ausgeht. Der Grund dafür ist ein innerer Friede und das Wissen darum, das alles gut wird.

Was ist die Seele?

Ich glaube, daß unsere Seele der Teil von uns ist, der dem Tod trotzt: unser Gottesfunke, unser Wesen, unser Gemüt, unsere Persönlichkeit, das, was uns einzigartig macht; der Teil von uns, der uns den Weg weist, den positiven oder den negativen; der Teil, in dem die Liebe wohnt und das Wissen, das wir in die nächste Welt mitnehmen.

Was uns Gott entfremdet

Angst, Depressionen und Drogen sind Dinge, die seelisches Wachstum verhindern. Auch das Unvermögen zu verzeihen und das Festhalten an gerechtem Zorn (nicht selten ein Mittel, um fehlendes Selbstwertgefühl auszugleichen) hindern uns daran, vorwärtszukommen. Manche Menschen wollen nichts mit Gott zu tun haben, weil sie irrtümlicherweise glauben, sie müßten gut und religiös sein, um ihm nahe zu sein. Doch er nimmt uns so an, wie wir sind, und er vergibt uns all unsere Fehler. Die Kraft zu verzeihen ist auch die Kraft der Heilung. Wer in dem Glauben erzogen wurde,

Gott strafe die Menschen mit Hölle und Verdammnis, sollte versuchen, sich von dieser Vorstellung freizumachen.

Zuletzt möchte ich Ihnen folgenden Rat mit auf den Weg geben: Je echter und wirklicher Sie werden (siehe Kapitel 7), desto leichter wird es sein, zu begreifen, daß auch Gott wirklich und echt ist. Er nimmt uns an als seine Kinder, und als Kind Gottes könnten Sie so beten:

Gott, hilf mir, Dich auch in meiner Depression zu sehen,
hilf mir, Dich zu hören, auch wenn ich voller Angst bin,
hilf mir, Liebe zu erfahren und zu vertrauen, daß alles gut wird – zu Deiner Zeit, nicht meiner.

Bücher, die weiterhelfen

Anderson, Bob: *Stretching. Dehnübungen, die den Körper geschmeidig und gesund erhalten.* Goldmann, München.

Asshauer, Dr. med. Egbert: *Tibets sanfte Medizin – Heilkunst vom Dach der Welt.* 5. erweiterte und ergänzte Auflage. Oesch, Zürich 2003.

Banks, Ian: *Alles, was Männer über ihre Gesundheit wissen sollten.* Oesch, Zürich, 7. Auflage 2004.

Banks, Ian: *Alles, was Mann über Sex wissen muß.* Oesch, Zürich.

Barker, Mark: *Denke nach und werde schlank. So erreichen Sie Ihre Ziele – ohne Zwangsdiät. Für immer!* Oesch, Zürich 2003.

Barlow, Wilfried: *Die Alexander-Technik. Gesundheit und Lebensqualität durch richtigen Gebrauch des Körpers.* Kösel, München, 4. Auflage.

Bor, Robert/Josse, Jeannette/Palmer, Stephen: *Die Angst vor dem Fliegen überwinden. Ratgeber für Betroffene und ihre Angehörigen.* Oesch, Zürich 2001.

Bradley, Dinah: *Hyperventilation – wenn der Atem rast.* Ein Ratgeber zur Selbsthilfe. Oesch, Zürich 2004.

Buchinger, Otto/Buchinger, Andreas: *Das heilende Fasten. So stärken Sie Ihr Wohlbefinden durch die Buchinger-Fastenkur.* Jopp/Oesch, Zürich, 15. Auflage 2002.

Coué, Émile: *Autosuggestion. Wie man die Herrschaft über sich selbst gewinnt. Die Kraft der Selbstbeeinflussung durch positives Denken.* Jopp/Oesch, Zürich 2004 (Neuausgabe).

Hobert, Ingfried: *Heilung aus dem Ozean. Vitalität, Kraft und Schönheit durch Algen- und Thalassotherapie.* Oesch, Zürich 2003 (Neuausgabe).

Hoekstra, Elly/Doke van der Neer: *Ismakogie. Anmut, Schönheit, Vitalität, Entspannung – die spielerische Bewegungslehre für den Alltag.* Oesch, Zürich 2004.

Jarosch, Ingo: *Die sanften Künste. Das Geschenk Asiens – Harmonie, Körpererfahrung, Kraft und Entspannung.* Oesch, Zürich 2003.

Jones, Steven / Hayward, Peter / Lam, Dominic: *Himmelhoch jauchzend – am Boden zerstört. Bipolare Störungen – leben mit manisch-depressiver Erkrankung: ein Ratgeber zur Selbsthilfe.* Oesch, Zürich 2004.

Lewis, David: *Der Alpha-Plan. Holen Sie das Beste aus sich heraus.* Ehrenwirth, Bergisch Gladbach.

Luban-Plozza, Boris, Prof. Dr. med. / Amann-Jennson, Günter W.: *Schlaf dich gesund! Neue Wege der Entspannung und Streßbewältigung.* Oesch, Zürich, 10. Auflage 2003.

Methfessel, Thomas: *Tai Chi für Anfänger. Illustrierte Einführung in die chinesische Bewegungsmeditation.* Jopp/Oesch, Zürich, 10. Auflage 2004.

Methfessel, Thomas: *Qigong für Anfänger. Reich illustrierte Einführung in Theorie unfd Praxis der chinesischen Gesundheitsübungen.* Jopp/Oesch, Zürich, 2. Auflage 2004.

Mohr, Paul: Hypnose. *Die unterschätzte Therapie.* Oesch, Zürich 2003.

Parkinson, Frank: *Traumatische Störungen überwinden und heilen. Gefühle ausleben – Ängste bwältigen: Ratgeber zur Selbsthilfe für Betroffene, Angehörige und medizinisches Fachpersonal.* Oesch, Zürich 2003.

Pierpaoli, Walter, und Regelson, William: *Das Melatonin-Wunder. Schlüssel zu ewiger Jugend, Gesundheit und Fitneß?* Goldmann, München.

Trickett, Shirley: *Angstzustände und Panikattacken erfolgreich meistern.* Jopp/Oesch, Zürich, 12. Auflage 2004.

Williamson, Jan: *Was dir deine Füße sagen. Eine Einführung in die präzise Fußreflexzonenmassage und -therapie für Anfanger und Fortgeschrittene.* Oesch, Zürich 2002.

In Ihrer Buchhandlung, Versand- und Internetbuchhandlung